L'ABÉCÉDAIRE DU DROIT DE L'ÉNERGIE AU SÉNÉGAL

Gora LO

L'ABÉCÉDAIRE DU DROIT DE L'ÉNERGIE AU SÉNÉGAL

Avant-propos du Pr Abdoulaye SAKHO

Préface du Dr Mouhamadou Makhtar CISSÉ

L'Harmattan Sénégal

10 VDN, Sicap Amitié 3, Lotissement Cité Police, DAKAR

http://www.harmattansenegal.com
senharmattan@gmail.com
senlibrairie@gmail.com

ISBN : 978-2-336-46645-3
EAN : 9782336466453

DÉDICACE

« A ma défunte maman affectueusement appelée NDIAYA qui n'a pas goûté aux fruits de l'arbre qu'elle avait planté au milieu de son jardin. »

SOMMAIRE

ACRONYMES ET ABRÉVIATIONS`

AEME : Agence pour l'Économie et la Maîtrise de l'Énergie

AIE : Agence internationale de l'Énergie

ANER : Agence nationale pour les Énergies renouvelables

ANSD : Agence nationale de la statistique et de la démographie

APIX : Agence nationale pour la Promotion des Investissements et des Grands Travaux

ATR : Accès des tiers au Réseau

ASER. : Agence sénégalaise d'Électrification rurale

BAD : Banque africaine de Développement

BEI : Banque européenne d'Investissement

BOSIET : Initiation de base à la sécurité en mer et formation aux situations d'urgence

BOAD : Banque ouest-africaine de Développement

BID : Banque islamique de Développement

BTP : Bâtiment et Travaux publics

CA : Chiffre d'Affaires

CAE : Contrat d'Achat d'Électricité

CE : Code de l'Électricité

CEDEAO : Communauté économique des États de l'Afrique de l'Ouest

CIRDI : Centre international pour le Règlement des Différends relatifs aux Investissements

CCI : Chambre de Commerce internationale

CNH : Comité national des Hydrocarbures

CNUDCI : Commission des Nations Unies pour le Droit commercial international

COP : Conférence des Parties

COS-PETROGAZ : Le Comité d'Orientation Stratégique du Pétrole et du Gaz

CPE : Certificat de Performance Énergétique

CRPP : Contrat de Recherche et de Partage de Production

CRD : Comité de Règlement des Différends

CEDEAO : Communauté économique des États de l'Afrique de l'Ouest

CSLT : Contrat de Service à Long Terme

DH : Direction des Hydrocarbures

EPI : Équipement de Protection Individuel

EEEOA : Système d'Échanges d'Énergie électrique ouest-africain

EUR : euro

FADCL : Fonds d'Appui et de Développement du Contenu Local

FAIDI : Fréquence moyenne des coupures de courant affectant un consommateur final dans un périmètre spécifique pour une période définie

FCFA : Franc Communauté Financière Africaine

FID : « Final Investment Décision » ((Décision finale d'investissement)

FONSIS : Fonds Souverain d'Investissements stratégiques

FMO : Société néerlandaise pour le financement du développement

GES : Gaz à effet de serre

GES-PETROGAZ : Unité d'exécution et de gestion du pétrole et du gaz

GNL : Gaz naturel liquéfié

GRD : Gestionnaire de Réseau de Distribution

GRT : Gestionnaire de Réseau de Transport

G7 : Groupe des sept pays les plus développés

GTA : Grand Tortue Ahmeyim

IFD : Institution de Financement du Développement

ITIE : Initiative pour la Transparence dans les Industries extractives

IPG : Groupe des Partenaires internationaux

INPG : Institut national du Pétrole et du Gaz

ICL : Indicateur de Contenu Local

IDE : Investissements directs étrangers

IFD : Institutions de Financement du Développement

JETP : « Just Energy Transition Partnerships »

JV : Joint-Venture

MCA : Millennium Corporation Account

MCC : Millennium Corporation Challenge

MPE : Ministère du Pétrole et des Énergies

LCIA : Cour internationale d'Arbitrage de Londres

OPIC : Overseas Private Investment Coporation

OHADA : Organisation pour l'Harmonisation en Afrique du Droit des Affaires

OCDE : Organisation de Coopération et de Développement économiques

OMVS : Organisation pour la Mise en Valeur du Fleuve Sénégal

O&M (E&M) : Exploitation et Maintenance

O&G : Oil and Gas

QHSE : Qualité Hygiène Sécurité Environnement

PSE : Plan Sénégal Émergent

PPM : Plan de Passation des Marchés

PIMC : Plan intégré à Moindre Coût

PME : Petites et Moyennes Entreprises

PMI : Petites et Moyennes Industries`

PV : Photovoltaïque

PIB : Produit Intérieur Brut

PPA : Producteur indépendant d'Électricité

SAIDI : Indice de Durée moyenne d'Interruption d'un Système

SA : Société anonyme

SAR : Société africaine de Raffinage

Senelec : Société nationale d'Électricité du Sénégal

SFI : Société financière internationale

ST-CNSCL : Secrétariat Technique du Comité national de Suivi du Contenu local

RMA : Réseau Maximum Autorisé

R-D : Recherche-Développement

RE : Régime exclusif

RM : Régime mixte

RNE : Régime non-exclusif

UE : Union européenne

USD : Dollar des États-Unis

UEMOA : Union économique et Monétaire ouest-africaine

UNITÉ DE MESURE

CO_2 : dioxyde de carbone

GW : gigawatt

kb/j : milliers de barils par jour

kV : kilovolt

kW : kilowatt

kWh : kilowattheure

Mt : million de tonnes

MW : mégawatt

MWh : mégawattheure

Avant-propos

Professeur Abdoulaye SAKHO

Directeur de l'École de Droit Gestion et Économie (Institut EDGE)

Fondateur du Master Droit et Économie de Régulation et de la Compliance.

Un abécédaire représente, dans le genre littéraire, un petit livre destiné à apprendre l'alphabet. Son objectif principal est donc l'apprentissage des lettres. Il est ainsi situé, du point de vue de l'acquisition des connaissances, dans le champ de l'élémentaire. Gora Lô, en conformité avec ce sens primaire, tente un exercice très difficile : réaliser un abécédaire avec comme objet d'analyse non pas les lettres de l'alphabet, mais le très complexe domaine de l'énergie.

Sans préjuger de ce que diront les lecteurs, l'avis très subjectif que je formule ici, est qu'il a réussi grâce à une méthodologie, tirée d'une approche pédagogique bien adaptée à la description de la gestion des secteurs d'infrastructures par les États modernes. Un constat, confirmé par un texte que j'estime, fondateur de la nouvelle gestion de l'économie publique dans notre pays :

– Constat : déclin de la forme traditionnelle de l'action publique et apparition d'une « forme privée » de l'intervention publique de l'État qui se dépossède de plus en plus de son statut de puissance publique pour se conduire comme un opérateur privé.

– Illustration : loi n° 2022-08 portant loi d'orientation sur le secteur para-public qui abroge la loi 90-07 et surtout impose aux entités publiques, qu'elles soient du secteur public marchand (sociétés publiques) ou non marchand (agences d'exécution), des outils de gestion et de gouvernance de gestion tirées des entreprises du secteur commercial tel qu'organisé par l'OHADA.

La démarche du livre repose, après une introduction utile permettant de camper le sujet, sur les deux caractéristiques de l'analyse d'un secteur d'activités économiques :

– le cadre macroéconomique relevant de l'action de l'État et qui concerne la conception et l'élaboration d'une politique (concertée d'aucuns diront aujourd'hui, « Co construite ») de l'énergie en sus de la détermination du cadre institutionnel et juridique ;

– le cadre micro-économique avec les éléments d'application de la politique et du droit de l'énergie par les acteurs et parties prenantes.

Au regard de tout ce qui précède, je suis en droit de dire que l'ouvrage est didactique et peut donc rejoindre le genre éditorial dont se réclame le titre.

Du point de vue contenu, le livre dissèque les actions des autorités sénégalaises qui, comme toutes celles d'autres pays qui gèrent des secteurs économiques en réseaux en train d'être libéralisés, ont été obligés d'agir pour répondre aux problèmes identifiés en termes de rentes de monopole, de capacités de financement des entreprises publiques du secteur mais aussi de niveau de prix et de qualité de services pour les consommateurs.

En fait, cela a conduit à un ensemble de solutions avec, au plan institutionnel, la mise en place d'organes de régulation et, au plan juridique, l'apparition de normes destinées à permettre une meilleure allocation des ressources, inciter au développement de la concurrence et de la libre entrée, réduire le niveau général des prix, améliorer la qualité de services et le niveau de choix pour les utilisateurs.

Le livre de Gora Lô évoque les différents outils à la disposition de l'État et des acteurs pour la gestion de ces secteurs en réseau, outils que sont le droit de la concurrence, le droit de la régulation et, le droit de la compliance, concept appréhendé sous la traduction française de *conformité*.

J'aimerais toutefois insister sur ce que je considère comme la question majeure sur laquelle l'ouvrage nous interpelle et qui permet en même temps, d'ouvrir une fenêtre salutaire en cette période de « rupture » apparue à la faveur d'un changement de dirigeants à la tête de l'État du Sénégal : **comment améliorer la fonction contrôle sur nos ressources naturelles ?**

La réponse conduit dans deux directions : la maitrise du contenu des contrats sur ces ressources et la responsabilisation accrue des gestionnaires en les faisant évoluer vers le droit de la compliance à l'image des secteurs bancaires et financiers.

Pour la première direction. Les accords sur les ressources naturelles contiennent souvent des clauses de dépendance et d'assujettissement qui octroient aux investisseurs la maîtrise des moyens intellectuels d'exploitation (brevet, savoir-faire, signe de ralliement de la clientèle…) ou des moyens d'exploitation matériels (machines, équipements spécialisés, local…) et, qui leur permettent ainsi d'exercer un pouvoir les autorisant à tirer un profit indu, mais en toute légalité, de l'investissement au détriment du propriétaire de la ressource (le peuple).

Pourtant, il y a bien longtemps, nous avons attiré l'attention sur ces clauses et, de manière générale sur le rôle du droit dans la dépendance économique des pays africains dans un ouvrage paru en 2010 (Les groupes de sociétés en Afrique : Droit Pouvoir et Dépendance économique, Karthala/Cres 2010, voir spécialement les pages 71 à 76). Pour les négociations futures, voire pour les renégociations annoncées de certains de ces contrats, l'ouvrage de Gora Lô peut être d'une utilité certaine.

Concernant la seconde direction. Il faut s'appuyer sur un nouveau procédé normatif qui a fait ses preuves dans d'autres secteurs économiques en permettant de modeler les comportements en vue d'obliger les décideurs à agir en conformité avec les règles édictées au lieu d'attendre un éventuel contrôle commandité (par l'exécutif ou le judiciaire) pour se rendre compte qu'ils n'ont pas été conformes avec le droit. C'est donc ce procédé adopté par le système financier après les crises mondiales du système (Enron et subprimes) qui mérite d'être généralisé aujourd'hui. C'est déjà effectif dans le domaine mondial de la protection de l'environnement et du climat (une directive européenne sur le devoir de vigilance de la société mère à l'endroit des filiales a été adoptée le 24 avril 2024). Chez nous, la loi d'orientation sur le secteur para public citée plus haut l'a adopté aussi en rendant obligatoire certains outils notamment, la cartographie des risques et le plan de conformité.

En réalité, le droit de la compliance oblige à adopter des instruments permettant de prévenir et maitriser les risques de non-conformité, mais aussi et surtout, d'anticiper les procédures pénales. Que du bonheur pour les autorités publiques, puisque les règles qu'elles ont émises sont efficacement concrétisées, à moindre coût, dès lors que ce sont les entreprises qui, dorénavant, prennent en charge la mise en œuvre du Droit.

En me faisant l'honneur de faire le prologue de son livre, Gora Lô ne m'a certainement pas demandé d'écrire un livre sur son propre livre. Je me garde bien de prendre cette direction. Il faut quand même avouer que sa lecture est inspirante du fait des nombreuses portes ouvertes grâce à une démarche cohérente et scientifique qui fait de l'ouvrage, non seulement un outil de référence pour les professionnels et les investisseurs, mais aussi, une intéressante contribution au développement du droit de la régulation et de la compliance dans un secteur complexe sur lequel notre nation compte énormément pour son développement futur.

L'approche économique du droit adoptée ici par l'auteur, démontre à satiété que le droit de l'énergie ne peut pas s'enfermer dans une case fermée. Il est vrai que nous juristes, avons l'habitude, à l'occasion de notre exercice favori qu'est la qualification en vue de déclencher l'application du régime juridique adéquat, de tout classer. Gora s'est bien gardé de tomber dans cette facilité. Oui, la philosophe Gabrielle nous rappelle par cette citation de Canetti, que les classements ne sont pas toujours la panacée : « *il se trouve encore des gens qui ne savent pas s'approcher d'un sujet sans lui appliquer des compartiments et des cases et qui s'imaginent que, dans les boites, les choses se présentent avec plus de clarté, alors qu'elles y sont parfaitement mortes* » (Elis Canetti/G. Halpern).

Le droit de l'énergie contribue au bouleversement actuel de la traditionnelle « summa divisio » du droit en plaçant la régulation au cœur du dispositif normatif et institutionnel du secteur de l'énergie dans ce contexte très particulier et inédit de découvertes de ressources énergétiques que nous voulons exploiter au profit du peuple sénégalais conformément à l'article 25-1 de notre charte fondamentale.

En tout état de cause, les jalons sont posés dans le livre pour plusieurs sujets de recherches menant vers le doctorat. Parce que nous entrons dans le cercle fermé des pays producteurs de pétrole et de gaz, il nous faut développer notre propre recherche en adéquation avec nos besoins pour diminuer la dépendance vers l'extérieur : la transition énergétique, l'autoproduction, la stratégie *gas to power,* la politique du contenu local, la maitrise du code de l'électricité celui du gaz, celui du pétrole, la maitrise et l'analyse des contrats complexes comme les contrats d'achat d'électricité, les contrats de recherche, d'exploitation et de partage ; autant d'objets de recherches et d'analyses qu'il faut mener pour une meilleure maitrise sur l'avenir du secteur de l'énergie dans notre pays. J'espère que les universités et centres de recherche en feront une priorité avec le soutien de pouvoirs publics. Rien ne vaut une recherche souveraine !

Pour toutes ces raisons, il faut saluer l'initiative de ce livre qui a réussi à faire le tour du secteur de l'énergie en mettant en exergue ses aspects fondamentaux à un moment où les écrits sur cette branche du droit ne sont pas légion en Afrique francophone. L'abécédaire du droit de l'énergie ouvre de réelles perspectives en ce sens.

Un livre certes original mais incontournable pour les acteurs du secteur et les chercheurs. Un livre qui réalise une synthèse d'une grande qualité et d'une utilité certaine pour un pays en développement à l'image du Sénégal, appelé à mieux asseoir sa politique énergétique sur les projets et orientations conformes aux nouveaux modes de production énergétiques et à la préservation des ressources naturelles pour les générations futures. Un livre qui confirme tout le préjugé favorable placé en l'auteur pendant la période de ses études universitaires dans le cadre du Master Régulation.

Dakar, mai 2024

PRÉFACE

L'énergie constitue un des piliers du développement économique et social des nations modernes ; elle est au cœur de tous les services et industries, de notre confort et de notre sécurité, bref elle est au cœur de notre vie. Cette forte dépendance fait de la question énergétique, dans toutes ses dimensions, politiques, stratégiques, légales, économiques et sociales, une préoccupation de tous les gouvernements et acteurs économiques. Elle est une question centrale au sens aussi bien des enjeux théoriques qu'elle implique dans la compréhension globale du monde tel qu'il est aujourd'hui structuré que dans la prise en charge de ses nombreuses déclinaisons concrètes et complexes.

Dans un contexte marqué par les récentes découvertes de ressources pétrolières et gazières, considérant également les objectifs ambitieux que le Sénégal s'est fixés pour la valorisation optimale de ces ressources, la question du droit de l'énergie se pose avec acuité. En effet, l'État s'est engagé résolument dans une vaste réforme du cadre légal régissant le secteur de l'énergie, afin de garantir que toutes les parties prenantes, au premier rang desquelles figurent les populations sénégalaises, tireront le meilleur bénéfice de l'exploitation du pétrole et du gaz sénégalais. Ainsi, « L'abécédaire du droit de l'énergie au Sénégal » est un ouvrage qui arrive à point nommé. Avec cette œuvre, l'auteur porte un regard synoptique et transversal d'un praticien du droit sur un secteur qui a toujours été crucial pour le Sénégal. Un secteur qui a fait réussir ou échouer des gouvernements car étant au cœur du développement socio-économique ; développement qui sera impossible sans une énergie de qualité, en quantité suffisante et à moindre coût pour véritablement inscrire le Sénégal sur les rampes de l'émergence. À partir d'une démarche scientifique enrichie d'une expérience avérée du droit de l'énergie et de la pratique de la régulation, l'ouvrage jette un regard précis sur la politique énergétique du Sénégal qui intègre les exigences actuelles d'inclusivité et de partage qui président à l'élaboration de toute politique publique. Aussi, partage-t-il une vision pratique du droit de l'énergie sur des thèmes d'actualité aussi diversifiés que sont, entre autres, la transition énergétique, le Contenu local dans le secteur des hydrocarbures, les Contrats de Recherche et de Partage de Production, la régulation du secteur énergétique, le développement des énergies renouvelables, le mix-énergétique, la stratégie Gas to Power, l'auto-production, l'accès des tiers au réseau marquant la fin du monopole de gestion de réseau ainsi que l'opérateur principal qu'est Senelec. Il revient sur l'influence des partenaires stratégiques internationaux notamment le JETP « Just Energy Transition Partnerships » et le MCA « Millennium Challenge Account » dans l'élaboration des politiques publiques. Partenaires qui, à travers des accords, proposent à l'État d'inclure dans sa stratégie un certain nombre de réformes, de critères et d'objectifs qui doivent être bien maîtrisés pour les inclure dans la feuille de route énergétique du Sénégal. De façon générale, l'auteur présente le cadre légal et contractuel du secteur de l'énergie en s'appuyant sur des exemples pratiques qui permettront aux praticiens du secteur non seulement d'avoir les références textuelles applicables mais aussi de comprendre la discipline du droit de l'énergie qui est évolutive, complexe et difficile à appréhender par les acteurs. Il rend accessible à travers une approche pragmatique par l'exemple, les textes qui gouvernent le secteur de l'énergie. Il en résulte un condensé d'exemples pratiques tirés en général de la pratique du droit de l'électricité avec l'adoption du nouveau Code de l'électricité et du droit pétrolier et gazier avec l'adoption de nouveaux Codes pétrolier et gazier. Le présent ouvrage apporte des réponses théoriques mais surtout pratiques qui permettront aux investisseurs, aux étudiants, aux opérateurs titulaires de titres miniers, aux fournisseurs et prestataires de services, aux producteurs indépendants, aux praticiens du droit et aux acteurs du secteur tout court, d'avoir des éléments de réponse à diverses interrogations qui touchent l'application du droit et la pratique des différents contrats nécessaires au développement énergétique. C'est ainsi qu'il décline les techniques d'élaboration, de montage et de négociation des Contrats d'Achat d'électricité qui appellent des connaissances pluridisciplinaires. Il produit en annexe des exemples de contrats complexes et stratégiques et des références de textes légaux et réglementaires du secteur de l'énergie qui permettront aux acteurs d'avoir des outils nécessaires pour mieux appréhender le marché de l'énergie. L'auteur a tenté d'utiliser un style d'écriture simple et accessible pour faciliter la compréhension au lecteur. Nicolas Boileau n'écrivait-il pas que ''tout ce qui se conçoit bien, s'énonce clairement et les mots pour le dire arrivent aisément'' ? La pédagogie qu'il draine est celle de l'accessibilité d'un savoir. Du reste, la complexité de la matière investie dans cet ouvrage appelle le respect d'un certain nombre d'exigences relatives à la technicité du contenu normatif du droit de l'énergie. Ayant eu l'honneur de servir mon pays à la Direction générale de SENELEC et au ministère du Pétrole et des Énergies, riche ainsi d'une certaine connaissance des enjeux du secteur, je peux affirmer que cet ouvrage constitue une réponse pertinente aux besoins des acteurs du secteur. Il permettra à coup sûr au lecteur, quel que soit son niveau d'imprégnation du secteur énergétique sénégalais, d'avoir un outil didactique et pratique pour développer ou affiner ses connaissances des questions légales et réglementaires liées à l'énergie, orienter ses décisions et in fine répondre aux attentes en termes de savoir ou d'avoir. J'appose donc, sans hésiter, avec toute la fierté requise, ma préface sur cet ouvrage simplement titré : « L'abécédaire du droit de l'énergie au Sénégal », pour saluer à la fois le courage scientifique de l'auteur et ses talents de pédagogue. Ecrire est toujours un acte risqué qui vous expose qui plus est, dans un domaine en friche comme celui du droit de l'Énergie en Afrique et au Sénégal en particulier. Mais connaissant l'homme Gora Lô dont j'ai pu apprécier l'expertise, le talent, l'audace et la méticulosité ; valeurs essentielles lorsqu'on s'engage à défricher de nouveaux terroirs, à visiter des territoires nouveaux, je n'ai aucun doute sur le fait qu'il ralliera beaucoup de suffrages de chercheurs, sachants et pratiquants. Si je devais pointer une insatisfaction ce serait pour le militant de l'intégration africaine que je suis, l'absence d'élaborations sur le cadre juridique sous-régional, de l'Organisation pour la mise en valeur du fleuve Sénégal (OMVS) de l'Organisation pour la mise en valeur du fleuve Gambie (OMVG) et l'institution spécialisée de la Communauté économique des États de l'Afrique de l'Ouest qu'est le Wapp dont un des objectifs est l'interconnexion des réseaux électriques. Une donne, importante, qui annonce peut-être pour l'auteur, un nouveau territoire à explorer. Je le souligne comme un appel à une prochaine édition qui tiendrait donc compte de la dimension communautaire du Droit sénégalais.

Dr Mouhamadou Makhtar CISSÉ
Inspecteur général d'État
Ancien ministre du Pétrole et des Énergies

1 INTRODUCTION

Mener une réflexion sur le droit de l'énergie peut paraître important face à la découverte du pétrole et du gaz au Sénégal[1], mais il ne faudra pas occulter que l'intérêt d'une telle étude dépasse ce contexte et relève d'un besoin plus général et pédagogique. En effet, l'énergie demeure la pierre angulaire du développement industriel et commercial et du développement tout court, car comme définie par les physiciens, elle est une mesure de la capacité d'un système à modifier un état, à produire un travail entraînant un mouvement, un rayonnement électromagnétique ou de la chaleur.

Il n'est pas facile de donner une définition complète de l'énergie. Elle est définie par le dictionnaire Larousse comme « la puissance physique de quelqu'un qui lui permet d'agir et de réagir »[2] alors que le Petit Larousse illustré le définit comme « la faculté que possède un système de corps [3]de fournir du travail mécanique ou son équivalent ». Étymologiquement, la racine du mot énergie « *energéia* » en grec signifie la force dans l'action. Toutefois, cette approche systémique de

[1] Les nouveaux gisements pétroliers et gaziers avec l'attribution d'une dizaine de blocs du bassin sédimentaire dont trois (03) ont enregistré des découvertes de pétrole et de gaz avec d'importantes réserves (le Champ de Sangomar avec 630 millions de barils de pétrole récupérables et 70 milliards de m3 de gaz, champ de Yaakar 140 milliards de m3 de gaz champ de Teranga 420 milliards de m3 de gaz et le champs de Grand Tortue Ahmeyim 280 milliards de m3 de gaz (50 % du gisement pour le Sénégal l50% pour la Mauritanie).
Il convient de noter qu'« entre le premier choc pétrolier (1973) et le contre-choc de 1985-1986, la conviction d'une croissance inéluctable des prix a stimulé d'importants efforts de recherche et développement » conduisant à la découverte de gisement plus difficiles à découvrir comme c'est le cas des découvertes au large de la mer sénégalaise. (Deep offshore).

[2] Dictionnaire Larousse.

[3] Dictionnaire le Petit Robert.

la définition nous permettra d'appréhender l'énergie suivant ses sources et par-delà ses caractéristiques polyformes menant à la distinction entre les énergies primaires, secondaires, finales et utiles.

Les sources d'énergie sont des matières premières et phénomènes naturels utilisés pour produire de l'énergie comme le charbon, les hydrocarbures (le pétrole, le gaz, le fuel), l'éolien, le soleil, le nucléaire, l'hydraulique, l'hydrogène, la biomasse, le bois, la géothermie, les courants sous-marins, vagues et marrés, etc. Elles sont considérées comme énergies primaires dont certaines peuvent être utilisées telles quelles comme le charbon, le bois ou le gaz naturel tandis que d'autres doivent subir une transformation préalable pour devenir une énergie dite secondaire transformée en électricité par exemple et rendue aux consommateurs finaux pour son utilisation : énergie finale.

Suivant les formes d'énergie, la science distingue six formes d'énergie[4] : l'énergie mécanique, l'énergie thermique, l'énergie électrique, l'énergie chimique, l'énergie nucléaire et l'énergie radiative. Quelle que soit leur diversité, ces formes d'énergie présentent la particularité d'être interchangeables dans le cadre de leur utilisation finale.

L'analyse des sources d'énergie appréhendées par le Professeur Jacques PERCEBOIS depuis plus d'une trentaine d'années nous permet de distinguer les sources d'énergie, leurs différentes formes et leur utilisation à travers un tableau synoptique[5] qui décrit l'énergie primaire comme le Pétrole, l'électricité primaire, le gaz naturel et le charbon ; l'énergie secondaire ou dérivée comme les produits pétroliers transformés, l'électricité secondaire et le gaz manufacturé et l'énergie finale comme le produit pétrolier, l'électricité, le gaz et le charbon et l'énergie utile comme l'éclairage, la vapeur, la force motrice et la chaleur. Il convient de rajouter à côté des énergies primaires, les énergies dites renouvelables telles que l'éolien, le solaire, la biomasse, la géothermique, l'hydrogène, marémotrice. Deux catégories de sources d'énergie nous intéresseront dans le cadre de cette étude : les sources d'énergie dites

---

[4] *Idem.*
[5] Jacques. PERCEBOIS, *Économie de l'énergie*, Economica, 1989, p. 82.

minières (charbon, pétrole, gaz) et les sources dites renouvelables ou énergies propres ou encore régénératives[6] (éoliens, solaires, hydrauliques et biomasse, hydrogène, marémotrice)

La place de l'énergie au cœur du système humain n'est plus à démontrer. D'où ses relations avec l'économie et la politique, le développement et la société et enfin principalement avec le droit qui la qualifie.

L'énergie est au cœur de toute l'activité économique et industrielle donc sans énergie on ne parlera pas d'économie qui est une science productive par essence. Elle est appréhendée aussi par les sciences économiques. En effet, « du point de vue économique, l'énergie est un instrument de satisfaction des besoins qu'ils soient thermiques, de force motrice, de lumière et de matières premières. Le problème essentiel de l'économie de l'énergie est de savoir comment ces besoins peuvent être satisfaits au moindre coût pour les individus et la collectivité »[7]. Cette approche est aujourd'hui reprise dans la politique énergétique du Sénégal[8] et demeure encore le moteur de notre croissance économique à court, moyen et long terme. Le développement économique et politique du Sénégal repose inéluctablement sur le développement et l'augmentation de notre capacité énergétique. La poursuite de notre croissance économique repose sur une production énergétique suffisante, garantie, accessible et sécurisée à moindre coût au profit de toute la société dans un contexte de stabilité politique réelle et garantie. La sécurité énergétique est la condition première du développement des pays en voie de développement et surtout de l'Afrique où la collecte de bois de chauffage est toujours d'actualité et plus de six cents millions d'habitants n'ont pas accès à l'électricité.

Face à la rareté des sources d'énergies minières ou fossiles et la forte dépendance énergétique qui accroissent la vulnérabilité du secteur électrique le développement des énergies renouvelables et l'efficacité

---

[6] Pierre SABLIERE, Droit de l'énergie, Dalloz 2013, p. 6 et s.

[7] J-M. CHEVALIER, P ; BARBET, L. BENZONI, *Économie de l'énergie*, Dalloz 1986, p. 14 et s.

[8] LPDSE 2019-2023.

énergétique resteront pendant longtemps au cœur des préoccupations des politiques publiques au même titre que le pétrole et le gaz.

Ainsi, l'encadrement juridique de l'énergie comme système est devenu indispensable si l'on sait que toutes les formes d'énergie ne font pas l'objet d'encadrement. Cet encadrement par le droit porte sur les formes d'énergies produites, transportées et distribuées dans les différents réseaux de distribution et émane de la politique énergétique du Sénégal dans un contexte marqué par les innovations et bouleversements technologiques dans le secteur énergétique. Ceci rend la réglementation de l'énergie très technique et complexe et pour reprendre la belle formule de Laetitia Grammatico[9] « c'est donc la technicité du domaine d'activités qui appelle la technicité du contenu normatif ».

C'est pourquoi le Sénégal a toujours mis en place un cadre légal et une vision de la politique dans le secteur énergétique avant même la crise énergétique de 2011 appelée communément « les émeutes de l'électricité » ; En 2012, le gouvernement du Sénégal a défini sa nouvelle Lettre de Politique de Développement du Secteur de l'Énergie[10] (2012-2018) ainsi qu'une feuille de route adossée au Plan Sénégal Émergent (PSE)[11] pour la mise en place d'une politique énergétique claire, efficace devant garantir une énergie disponible en quantité, en qualité et à moindre coût. Cette lettre de politique sectorielle a été renouvelée pour la période 2019-2023[12], avec de nouvelles orientations stratégiques mais toujours gouvernée par la même approche sectorielle portant sur le secteur électrique, les énergies renouvelables, les hydrocarbures, le gaz et le pétrole, la biomasse, et le gaz domestique. Avec les découvertes récentes du pétrole et du gaz, le Sénégal s'est doté d'une loi sur le contenu local dans le secteur des hydrocarbures pour mieux capter les ressources au profit des entreprises locales en application *du « principe*

[9] Laetitia Grammatico, *les moyens juridiques, du développement énergétique dans le respect de l'environnement en droit français*, P.U D'AIX-Marseille, 2003, p.397.
[10] LPDSE 2012-2018.
[11] Plan Sénégal Émergent (PSE), Plan stratégique du gouvernement du Sénégal élaboré pour asseoir le cadre de référence des politiques de développement du Sénégal visant à conduire le pays sur la voie de l'Émergence à l'horizon 2035.
[12] LPDSE 2018-2023.

de la préférence nationale ». D'où un encadrement sectoriel qui peut nous amener à parler du droit des énergies (droit de l'électricité, droit pétrolier, droit gazier, droit des énergies renouvelables) en lieu et place de l'émergence d'un droit de l'énergie. En effet l'appellation des différents ministères en charge de l'énergie en 2018[13] et en 2019[14] peut nous réconforter sur l'idée d'un droit des énergies.

Quelle que soit l'approche nous pouvons nous accorder conformément à la politique énergétique qui vise à garantir un cadre légal et réglementaire conforme à la vision stratégique pour parler de droit de l'énergie même si nous assistons à la disparité des textes légaux et réglementaires applicables.

Notons tout de même que la construction d'un droit de l'énergie ou d'un Code de l'énergie prend du temps. J'en veux pour preuve l'exemple de la France qui a lancé la création d'un Code de l'énergie initialement prévu en 1938 mais qui n'a pu le faire finalement qu'en 2011[15].

La pluralité de textes législatifs et réglementaires dans le domaine de l'énergie et surtout l'absence d'un Code de l'énergie ne sauraient porter atteinte à l'émergence du droit de l'énergie au Sénégal. L'essentiel est d'avoir un contenu juridique suffisant, cohérent et clair permettant d'asseoir un cadre juridique clair pour faire du droit de l'énergie au Sénégal une discipline du droit propre.

Le droit de l'énergie est un droit nouveau[16]-né de la dérèglementation[17] qui bouleverse la *suma divisio* du droit distinguant le droit public et le droit privé. L'énergie est encadrée par diverses disciplines juridiques, telles que le droit administratif, le droit des obligations civiles et commerciales, le droit de l'urbanisme, le droit bancaire, le droit de l'environnement, le droit public, le droit privé, le droit économique et des affaires, etc. Elle bouleverse les ordres juridiques internes et

---

[13] Ministère de l'Énergie et du Développement des Énergies Renouvelables (MEDER).
[14] Ministère du Pétrole et des Énergies (MPE).
[15] M.-A. FRISON-ROCHE, "Droit de l'énergie, droit à l'énergie", *Revue de l'énergie*, n°.509, 1999.
[16] Pierre SABLIERE, Droit de l'énergie, Dalloz 2013, p. 22 et s.
[17] *Idem.*

communautaires. L'énergie est devenue un vrai objet du droit qu'il conviendrait d'appréhender comme tel car elle est actuellement saisie par le droit et régie par un champ juridique spécifique qu'il serait convenu d'appeler le droit de l'énergie au Sénégal qui se base sur les textes législatifs et réglementaires internes et les normes communautaires de la Communauté Économique des États de l'Afrique de l'Ouest (CEDEAO)[18] et de l'Union Économique et Monétaire Ouest Africain (UEMOA)[19].

Marie-Anne Frison-Roche remarquait que « *les secteurs énergétiques n'ont jamais été victimes d'anomie mais sont depuis toujours réglementés très minutieusement, parfois étouffés même, par des prescriptions de comportements sanctionnés, et donc par du droit* »[20].

Le droit de l'énergie est défini par Laetitia Grammatico[21] comme « l'ensemble des règles relatives à l'exploitation, la production, l'importation, la transformation, le transport, la distribution et l'utilisation des différentes sources d'énergie » ou mieux comme « l'ensemble des règles juridiques encadrant l'usage de l'énergie pour en garantir l'accès ».

---

[18] CEDEAO ou ECOWAS en anglais, organisation intergouvernementale créée le 28 mai 1975 par le traité de Lagos pour assurer le développement économique de ses membres et assurer la paix et la gestion des conflits régionaux. Elle a pris un certain nombre de directives à travers le Système d'Échange d'Énergie Électrique Ouest Africain (EEEOA) traduit en anglais par le sigle WAPP « *West African Power Pool* », créé le 5 décembre 1999 par décision n° A/DEC 5/12/99 de la 22e Session ordinaire du Sommet des Chefs d'États et de gouvernement de la CEDEA ; Il a pour mission *« de promouvoir et de développer des infrastructures de production et de transport d'énergie électrique ainsi qu'assurer la coordination des échanges d'énergie électrique entre les États membres de la CEDEAO »* en vue de créer un marché régional de l'électricité *(voir* par exemple la directive sur l'organisation du marché régional de l'électivité *N° C/DIR/1/06/13).*

[19] UEMOA est une organisation communautaire créée en 1994 qui a pour mission la réalisation de l'intégration économique des États membres. Exemple de la Directive N°05/2020/CM/UEMOA fixant des mesures d'efficacité énergétique dans la construction de bâtiments dans les États membres de l'UEMOA.

[20] M.-A. FRISON-ROCHE, "Droit de l'énergie, droit à l'énergie", *Revue de l'énergie*, n°.509, 1999, p.615-618.

[21] Laetitia Grammatico, *les moyens juridiques, du développement énergétique dans le respect de l'environnement en droit français*, P.U D'AIX-Marseille, 2003, p. 380.

Cette définition répond beaucoup plus à la vision du Sénégal dans la lettre de politique sectorielle du gouvernement qui a engagé un vaste chantier de révision du cadre légal et réglementaire du secteur de l'énergie[22] qui ne remet nullement en cause le cadre existant mais l'améliore en garantissant un accès à tous. Ce vaste chantier a conduit à la promulgation des lois portant Code pétrolier[23], Code gazier[24], Code de l'électricité et de la loi sur le Contenu local dans le secteur des hydrocarbures et d'un ensemble de décrets d'applications dans le secteur.

Dès lors, il est mis en place un cadre juridique fort qui assurera la sécurité énergétique avec la découverte du pétrole et du gaz dont leurs exploitations et utilisations sont prévues d'ici 2024[25]. Le secteur électrique servira à alimenter le progrès au sein de notre pays dont la majorité des citoyens n'ont pas accès à l'électricité et demeurent ainsi dans une situation de précarité énergétique. Si l'accès à l'électricité constitue aujourd'hui une contrainte et un défi, il n'en demeure pas moins que l'espoir est permis avec le développement des énergies renouvelables au Sénégal et la découverte du gaz et du pétrole dans un contexte de digitalisation indispensable à la maîtrise et à l'efficacité énergétiques. Le droit de l'énergie vise à cerner toutes ces problématiques qui demeurent au cœur des orientations stratégiques du pays en matière énergétique.

Nous n'avons pas la prétention de faire une étude exhaustive du droit de l'énergie dans tous ses aspects, mais nous nous efforcerons à analyser le cadre légal et réglementaire du secteur de l'énergie afin d'identifier l'essentiel des textes légaux et réglementaires avec l'institutionnalisation d'un cadre régulatoire (Titre 2), l'application du droit et la pratique aux différents contrats nécessaires au développement des énergies et à l'implantation des installations énergétiques (Titre 3), mais faudrait-il au préalable porter notre réflexion sur la politique énergétique.

---

[22] Réformes du secteur de l'énergie (Code de l'électricité, lois sur la CRSE, etc.).
[23] Loi n° 2019-03 du 1er février 2019 portant Code pétrolier.
[24] Loi n° 2020-06 du 07 février 202020 portant Code gazier.
[25] *First oil* prévu au troisième trimestre 2024.

(Titre 1er) qui fixe les grandes orientations énergétiques et instaure les instruments nécessaires à l'atteinte des objectifs stratégiques.

2 DE LA POLITIQUE ÉNERGÉTIQUE AU SÉNÉGAL

La crise économique des années 2008 décrit par certains comme le « troisième choc pétrolier »[26] marquée par une augmentation du prix du baril du pétrole et la baisse du dollar américain avait bouleversé de façon sans précédent le secteur énergétique mondial. Le Sénégal n'avait pas échappé à celle-ci. Il a connu entre 2008 et 2011 l'une de ses plus graves crises énergétiques, plongeant le pays dans le noir et conduisant la population à des contestations débouchant sur les « *émeutes de l'électricité* »[27].

Pour résoudre définitivement « la question vitale de l'énergie », une nouvelle politique énergétique a été instaurée à travers la Lettre de Politique de Développement du Secteur de l'Énergie d'octobre 2012 et le Plan Sénégal Émergent (PSE)[28]. Ce dernier place l'énergie au cœur de la stratégie de développement économique et social du pays. Il ne peut y avoir de développement ni d'émergence dans un pays, *a fortiori* dans un pays en voie de développement, sans une bonne politique

---

[26] Après la crise des années 30 et 70.

[27] Coupures intempestives d'électricité avec plus de 900 heures de coupures par an.

[28] En 2014, le Sénégal a décidé d'adopter un nouveau modèle de développement pour accélérer sa marche vers l'émergence. Cette stratégie, dénommée Plan Sénégal Émergent (PSE), constitue le référentiel de la politique économique et sociale sur le moyen et le long terme.
Le Plan Sénégal Émergent (PSE) est adossé sur une vision qui se projette dans un horizon de vingt (20) ans et qui guide les choix stratégiques à court et moyen termes. La vision de cette nouvelle stratégie est celle d'« Un Sénégal émergent en 2035 avec une société solidaire dans un État de droit ».
Pour atteindre les objectifs du PSE, il est impératif de réunir les conditions préalables ou les fondements de l'émergence, liés au règlement de la question vitale de l'énergie, à la mise en place d'infrastructures de dernière génération pour le soutien à la production, à l'amélioration de l'environnement des affaires, au renforcement du capital humain ainsi qu'à la satisfaction des besoins de financement de l'économie.

énergétique cohérente. Dans le chapitre 4 du PSE intitulé « Fondements de l'émergence », le Sénégal veut résoudre définitivement « la question vitale de l'énergie » et la place ainsi comme premier fondement de l'émergence. En effet, il est précisé dans le PSE que « *le secteur de l'énergie constitue un soutien majeur au développement de l'économie, à la réduction des inégalités sociales et territoriales. La stratégie d'émergence traduit l'ambition du Sénégal de garantir un accès large et fiable à une énergie bon marché…* ».

Le PSE poursuit et développe les orientations de la Lettre de Politique de Développement du Secteur de l'Énergie d'octobre 2012 concernant l'électricité, les hydrocarbures et l'accessibilité de l'énergie en milieu rural[29].

Les orientations de politiques énergétiques reposent sur les mêmes principes directeurs qui gouvernent l'élaboration de toute politique publique au Sénégal dans les secteurs industriels. Il s'agit notamment « *de la préservation du développement durable, du principe de précaution, celui de la responsabilité environnementale et la nécessaire participation du public au processus décisionne*l ».[30] À cela s'ajoute l'influence des partenaires internationaux dans l'élaboration des politiques énergétiques qu'il conviendra d'analyser.

Pour rappel, en 2019, une nouvelle lettre de politique sectorielle couvrant la période 2019-2023[31] et prenant en compte l'exploitation gazière et pétrolière, a été promulguée pour définir de nouvelles orientations stratégiques. Elle met en place des instruments fiables pour l'atteinte de ses objectifs. « Ainsi, cette présente lettre de Politique de Développement du Secteur de l'Énergie (LPDSE) qui décline les orientations politiques du Gouvernement en matière de gestion et de développement du secteur de l'énergie pour les cinq prochaines années, constitue le cadre de référence qui fédère toutes les orientations stratégiques, les objectifs et actions à mettre en œuvre afin de faire jouer

[29] LPDSE 2012-2018.

[30] Pierre Sablière, Droit de l'énergie, Ed. Dalloz, 2015, voir les développements sur ce sujet à la page 39 et suiv.

[31] Nouvelle LPDSE 2019-2023.

au secteur son rôle central de pilier de l'émergence du pays[32] » avec l'arrivée du premier baril (*First oil*) prévu en décembre 2023 puis reporté en 2024.

Pour rappel, suite à la crise énergétique de 2011 (émeutes de l'électricité), le Sénégal est entré dans une phase de révolution énergétique qui ne saurait laisser le droit indifférent. En effet, une analyse sous sectorielle nous conduirait à mieux percevoir cette nouvelle donne ;

Par rapport au sous-secteur de l'électricité, Senelec, société anonyme à participation publique majoritaire détenue à 90,6 % par l'État et 9,4 % par la Caisse des Dépôts et des Consignations (CDC), elle-même publique, est la société en charge de la Production, du Transport et de la Distribution-Vente de l'électricité dans l'ensemble du territoire et sa viabilité dépend de la performance de chacun de ses segments. Pour mettre en œuvre la politique énergétique, Senelec avait mis en place un Plan d'Action Prioritaire (PAP) avec le Projet d'Appui au secteur de l'Énergie (PASE) puis des Plans Stratégiques[33] (« Plan Stratégique Yeesal Senelec 2020 » Plan Stratégique Senelec 2025) pour atteindre des performances qu'on peut qualifier de révolution énergétique[34].

Ces performances ont trait principalement à l'augmentation des capacités de production avec une forte pénétration des énergies renouvelables[35], l'amélioration de la continuité et de la qualité de service, la construction de nouvelles lignes de transport[36], la prise en compte de la digitalisation avec une forte pénétration du service prépaiement[37], participant à une bonne santé financière de Senelec et conduisant la population à une réelle volonté de prise en compte du principe de maîtrise d'énergie dans les habitudes de consommation.

---

32 *Idem*.

33 « En 2025, nous voulons faire de Senelec, une entreprise de services publics performante et innovante, orientée vers des énergies plus propres).

34 Car respectant les normes du mix-énergétique et de la transition énergétique dans le contexte africain.

35 Avec un objectif de 40 % d'énergies renouvelables d'ici 2030.

36 Le maillage du territoire national pour rendre plus résiliant les lignes de transport.

37 Woyofal.

Dans le sous-secteur des hydrocarbures, nous assistons à la découverte de nouveaux gisements pétroliers et gaziers avec l'attribution d'une dizaine de blocs du bassin sédimentaire dont trois (03) ont enregistré des découvertes de pétrole et de gaz avec d'importantes réserves.

Face à cette nouvelle réalité économique, l'État a effectué une révision générale du cadre légal et réglementaire pour mieux appliquer sa nouvelle politique énergétique dans un contexte de découverte de nouvelles sources d'énergie capable de booster l'économie du pays et de tirer le Sénégal dans la sphère des pays émergents. Avant de porter notre réflexion sur les instruments de la politique énergétique mis en place (Chapitre 2), nous nous évertuerons à analyser les orientations de la politique énergétique (Chapitre 1) puis nous consacrerons une partie à la transition énergétique (Chapitre 3), en vertu de la place que le Sénégal a pris dans le développement des énergies renouvelables pour rendre accessible l'énergie à tous d'ici 2030 et à la politique de contenu local dans le secteur des hydrocarbures (Chapitre 4).

2.1 DES ORIENTATIONS DE LA POLITIQUE ÉNERGÉTIQUE

Les orientations de la politique énergétique au Sénégal s'articulent autour de cinq axes principaux : mettre en place des stratégies communes aux différents sous-secteurs de l'énergie (Section 1), s'assurer de la maîtrise et l'efficacité énergétique (Section 2), promouvoir le développement des énergies renouvelables (Section 3), Assurer une production suffisante d'énergie à moindre coût (Section 4) et permettre l'accès des tiers aux réseaux (Section 5).

Toutefois, il ne faut pas occulter la participation dans l'élaboration des politiques énergétiques des organismes internationaux qui financent une bonne partie des investissements dans le secteur de l'énergie en général et de l'électricité en particulier notamment l'influence du programme du « *Millennium Challenge Account* » (MCA-Sénégal)[38]

[38] « *Le Sénégal Power Compact est un accord de don entre le Sénégal et les États-Unis d'Amérique. Il comprend un don d'investissement de 550 millions de dollars américains de la part des États-Unis d'Amérique et une contribution supplémentaire de*

et du programme « *Just Energy Transition Partnerships* » JETP dans l'orientation de la politique énergétique (Section 6).

2.1.1 Stratégie énergétique

La stratégie énergétique s'inscrit dans un cadre général tiré du droit constitutionnel, notamment le principe constitutionnel de l'égal accès de tous les citoyens aux services publics. En effet, l'énergie est non seulement érigée en service public mais doit être suffisante, accessible et à moindre coût.

De plus l'article 25.1 de la constitution du Sénégal dispose en substance que les ressources naturelles[39] appartiennent au peuple sénégalais et doivent être utilisées dans son intérêt exclusif.

L'érection de l'énergie comme premier fondement de l'émergence dans le PSE illustre parfaitement la vision de l'État de faire de l'énergie la clé de voûte du développement économique et social du Sénégal.

Ainsi, « la vision qui fonde la politique de développement du secteur à l'horizon 2022 est « *une énergie de qualité, disponible et accessible à tous, à moindre coût et respectueuse de l'environnement* ». Cette vision s'articule à celle du PSE, cadre de référence des politiques publiques, qui positionne le secteur de l'énergie comme un soutien majeur au développement de l'économie, à la réduction des inégalités sociales et territoriales. À ce titre, la stratégie d'émergence du pays vise à garantir un accès large et fiable à une énergie bon marché et positionne le secteur comme un des fondements[40] de sa politique. Ainsi, la vision dégagée dans la présente LPDSE 2019-2023 s'articule autour des

---

50 millions de dollars américains du Gouvernement du Sénégal pour un investissement global de 600 millions de dollars américains. L'objectif du présent Compact est de réduire la pauvreté au Sénégal à travers le renforcement du secteur de l'électricité, l'amélioration de la fiabilité, l'élargissement de l'accès à l'électricité, et l'appui au Gouvernement du Sénégal à établir un socle solide et moderne sur lequel le système de l'électricité du pays peut reposer pour se développer ». site *mcasenegal.sn*

[39] Loi constitutionnelle du Sénégal de 2016.

[40] Le PSE 2014-2035 considère le règlement de la question vitale de l'énergie comme une des conditions préalables pour l'atteinte des objectifs d'émergence du pays.

principaux défis[41] auxquels le pays est confronté pour une contribution optimale du secteur au développement économique et social ». Défis souvent partagés dans un contexte international où plusieurs organisations internationales dans le secteur de l'énergie[42] contribuent à la définition des orientations stratégiques en la matière.

Toutefois, la politique énergétique est sous-tendue par un certain nombre d'axes stratégiques qui déclinent les bases nécessaires à l'atteinte des objectifs stratégiques fixés par le gouvernement du Sénégal, que sont :

- Assurer la disponibilité énergétique ;
- Garantir la sécurité d'approvisionnement ;
- Garantir l'accès à l'énergie à tous ;
- Assurer un prix bon marché très compétitif ;
- Préserver l'environnement ;
- Développer des investissements inhérents à la recherche et à l'exploitation d'hydrocarbures ;
- Mettre un cadre légal adapté et attractif ;
- Sauvegarder et sécuriser les intérêts économiques et financiers du peuple sénégalais tout en préservant l'attractivité et la compétitivité du pays ;
- Favoriser les locaux avec la loi sur le contenu local.

Alors dans un contexte de pays développé comme la France, les actions à entreprendre sur la base de la loi L. n° 2005-781 du 3 juillet 2005 en son article 2 étaient réparties autour des quatre axes suivants[43] :

1. La maîtrise de la demande d'énergie ;
2. La diversification des sources d'approvisionnement énergétique ;

[41] S. Doumbé-Billé, défis énergétiques et droit international, les défis internationaux de la politique énergétique française, Lyon 3 centre de droit international, 2011.
[42] Le conseil Mondial de l'Énergie (CME), l'Agence internationale de l'énergie et le Forum international de l'Énergie.
[43] Pierre SABLIERE, Droit de l'énergie, Dalloz, 2011, P. 44 et s.

3. Le développement de la recherche dans le domaine de l'énergie ;

4. Le développement de moyens de transport et de stockage de l'énergie adaptés aux besoins.

En outre, au Sénégal, la LPDSE précise l'objectif stratégique global de la politique énergétique en ces termes « L'objectif global de la présente LPDSE 2019-2023 par la mise en œuvre des orientations du secteur à l'horizon 2023 est de « *Renforcer l'accès de tous à une énergie en qualité et en quantité suffisante à moindre coût et durable* ».

Toutefois, pour atteindre cet objectif global, chaque sous-secteur a tenté de mettre en place sa propre stratégie pour concourir à cet objectif commun :

Dans le sous-secteur de l'électricité, l'État a mis en place sa nouvelle stratégie « Gas-to-Power », avec la transformation du gaz en électricité suite à la découverte du gaz par Kosmos Energy dans le champ GTA en 2014[44], dont les premières productions sont prévues pour 2024, soit six à dix ans après la première découverte.

La stratégie « Gas to Power » est devenue un élément-clé de la stratégie nationale avec le double objectif de donner l'accès universel à l'électricité et d'accroître la compétitivité économique du Sénégal qui vient d'adopter un nouveau Code gazier qui fera l'objet de développement plus loin[45]. Elle est devenue un sujet de discussion majeure au Sénégal ainsi qu'une composante essentielle de la stratégie du pays dans le but d'atteindre l'indépendance énergétique et de devenir un hub énergétique régional.

C'est pourquoi Senelec a mis en place, depuis 2015, une double stratégie consistant pour les projets existants à négocier dans le cadre de ses contrats d'achats d'électricité des centrales « *Dual-fuel* »[46] pour pouvoir les transformer une fois le gaz disponible et pour

[44] Grand Tortue Ahmeyium.

[45] Voir Infra.

[46] Centrales qui peuvent fonctionner aussi bien au fuel qu'au gaz.

les projets actuels de mettre ceux-ci en cohérence avec la stratégie « Gas-to-Power »[47].

Dans le sous-secteur des hydrocarbures, l'adoption de la loi sur le contenu local fait partie des stratégies qui participeront à l'atteinte des différents objectifs de la politique énergétique visant à sauvegarder les intérêts des citoyens dans les contrats pétroliers et gaziers.

Sur la problématique du contenu local, le Président de la République du Sénégal dira qu'il réserve une part importante au secteur privé. Il précise que « *l'exploration et l'exploitation des ressources de pétrole et de gaz nécessitent des investissements immenses, qui sont hors de portée du budget national (...). Mais la bonne nouvelle, c'est que la chaîne de valeur du pétrole et du gaz offre une large gamme d'activités génératrices de revenus et à la portée du secteur privé national.* »[48]

Par ailleurs, l'État a renforcé ses actions dans le cadre d'un certain nombre de programmes pour participer à l'atteinte de l'objectif global de la LPDSE comme le Programme d'urgence de développement communautaire (PUDC) qui doit contribuer à l'amélioration de l'accès des populations rurales aux services sociaux de base à travers la mise en place d'infrastructures socio-économiques.

L'atteinte des objectifs définis dans ce nouveau cadre de référence reste conditionnée par l'accès à des services énergétiques abordables, durables et sans effets néfastes sur l'environnement. Dans cette optique, et en vue de diversifier les sources d'énergie, les autorités sénégalaises ont retenu de réorienter la politique énergétique nationale en mettant l'accent sur le développement des énergies renouvelables et l'efficacité énergétique.

« Compte tenu de l'état relativement vétuste de l'outil industriel sénégalais et des procédés de production qui y sont utilisés, de l'ancienneté des bâtiments et des techniques de construction actuelles, il est raisonnable de penser que le potentiel est très important. Ce qui

[47] Exemples des centrales de *Malicounda* (120 MW), et de *West African Energy* (WAE) (300 MW) dans lesquelles Senelec détient au moins 10 % de l'actionnariat
[48] Discours du Président de la République à l'occasion de la conférence africaine sur la transparence de la propriété réelle, 31 octobre 2018.

fait ainsi de l'efficacité énergétique un puissant levier d'amélioration de la compétitivité de nos entreprises en particulier, et de nos économies en général. Il s'agit d'un outil de choix qu'il convient d'utiliser comme une soupape et un moyen de garantir la sécurité d'approvisionnement et de favoriser l'indépendance énergétique au risque d'entraver la croissance économique prévue dans le PSE. »[49]

Fort de ce constat, le Gouvernement du Sénégal a matérialisé sa résolution à faire de la maîtrise de l'énergie une priorité, par la mise en place de l'Agence Nationale de l'Économie d'Énergie (ANEE, créée en 2011), devenue en 2013 l'Agence pour l'Économie et la Maîtrise de l'Énergie (AEME)[50].

Chaque acteur en charge d'appliquer la politique énergétique a essayé de mettre en place des stratégies internes en cohérence avec la politique énergétique dans l'intérêt de tous.

Dans cette optique, l'exemple d'une structure comme Senelec peut être pertinent pour mieux cerner les stratégies de la politique énergétique. En effet, Senelec assure sa mission dans un environnement, avec des ressources et des procédures et par des moyens jugés par des audits peu favorables à l'atteinte des performances exigées par les populations et le besoin de croissance du pays. Le caractère polysémique du nom « Yeesal », Plan stratégique de Senelec, qui en Wolof signifie à la fois rénover, transformer, reconstruire, met en exergue la multiplicité des enjeux adressés par la vision du Plan stratégique de Senelec. En effet, avec ce Plan Senelec compte assurer sa mission première qui est d'apporter l'électricité à tous, clarifier ses relations avec ses clients à travers une meilleure prise en charge et l'innovation dans la gestion de cette relation. La société souhaite également être transparente dans sa gestion, en particulier avec son personnel et ses actionnaires. Elle a signé avec l'État du Sénégal un Contrat de Performance qui a défini les

---

[49] *Idem.*

[50] AEME créée en 2013 assure la mise en œuvre de la politique nationale de maîtrise de l'énergie qui demeure l'une des orientations stratégiques de la politique énergétique du Sénégal.

sept indicateurs de performances sur la base desquels Senelec est jugée sur ses performances.[51]

En outre, pour atteindre les objectifs stratégiques sus indiqués, l'État a décliné dans la LPDSE quatre axes d'intervention : « Il s'agit (i) de sécuriser l'approvisionnement en hydrocarbure du pays en quantité suffisante et à moindre coût et mettre en place les conditions juridiques, institutionnelles, opérationnelles pour tirer le meilleur avantage des ressources pétrolières et gazières ; (ii) de renforcer l'accès à l'électricité avec une qualité et une continuité de service à moindre coût et de façon durable ; (iii) de favoriser l'accès durable des populations aux combustibles modernes de cuisson par l'utilisation de technologies efficaces et innovantes (iv) de renforcer la gouvernance, la régulation et le suivi-évaluation du secteur. »[52]

2.1.2 Sécuriser l'approvisionnement en hydrocarbures et la production énergétique du pays en quantité suffisante et à moindre coût

Malgré le développement des énergies renouvelables, l'utilisation des hydrocarbures fossiles comme le pétrole et ses dérivés ne cesse d'augmenter et c'est pourquoi la sécurisation de son approvisionnement est devenue une question de sécurité publique et de politique publique[53]

Il convient de rappeler que pendant longtemps le Sénégal est resté un pays fortement dépendant de l'importation de produits pétroliers et par conséquent tributaire de la fluctuation du marché pétrolier caractérisé par sa volatilité et une fluctuation permanente du prix du baril[54].

L'approvisionnement du marché sénégalais en pétrole brut et en hydrocarbure raffiné est régi par la loi 98-31 du 14 avril 1998 et ses différents décrets d'application[55].

L'article 1er al. 1 précise que « *sont soumises aux dispositions de la présente loi les activités d'importation, de raffinage, d'exportation, de*

[51] Contrat de performance signé entre l'État du Sénégal et Senelec.
[52] Voir LPDSE 2019-2023.
[53] Pris en compte par la loi et la LPDSE.
[54] Forte dépendance dans la production énergétique au Sénégal.
[55] Voir les différents décrets produits en annexes.

stockage, de transport, de distribution et de commercialisation d'hydrocarbures sur le territoire de la République du Sénégal » et à l'alinéa 2 il définit l'approvisionnement comme représentant le ravitaillement du marché national : l'approvisionnement intègre les activités d'importation, de raffinage, de transport, de stockage et de distribution ».

Toutefois, depuis 2014, des activités d'exploration-production d'hydrocarbures ont permis de découvrir d'importantes réserves de pétrole prouvées au niveau de la marge continentale de l'Atlantique notamment au niveau du bloc de *Rufisque* et de *Sangomar offshore* profond[56] et du gaz naturel[57] dont l'exploitation pour le pétrole est prévue en 2024[58].

C'est ainsi que la nouvelle lettre de politique sectorielle a modifié les orientations de la politique énergétique en tenant compte de cette nouvelle donne.

L'une des orientations de la politique énergétique comporte deux volets principaux : l'un a trait à l'approvisionnement en hydrocarbure qui est un axe de la politique d'orientation énergétique et le second relatif à la production énergétique est une conséquence logique et constitue le soubassement du développement énergétique dans le pays.

En effet, dans la LPDSE il est mentionné expressément que l'une des orientations énergétiques est la sécurisation de l'approvisionnement en hydrocarbure du pays en quantité suffisante et à moindre coût ; elle est du ressort de la Société africaine de Raffinage (SAR), société anonyme[59] qui assure l'approvisionnement du marché domestique et de la société Senelec en hydrocarbure notamment en essence, fuel, diesel-oil, gasoil, gaz butane, etc.

Les produits raffinés sont vendus sur la base du prix calculé par le Comité national des Hydrocarbures (CNH)[60] conformément aux

[56] *Sangomar* Bloc attribué sur la base de la loi de 98.
[57] *Yaakar Teranga*, projet en attente de la décision finale d'investissements (FID).
[58] First oil.
[59] Société que nous allons étudier plus tard dans la partie réservée aux acteurs.
[60] Dissout par la nouvelle loi portant sur la Commission de Régulation du Secteur de l'Énergie (CRSE), Loi n° 2021- 32 du 9 juillet 2021 portant création, organisation et attribution de la CRSE.

dispositions du décret n° 2014-1562 du 03 décembre 2014 fixant les modalités de détermination des prix des hydrocarbures raffinés.

L'ensemble de ces dispositions sont en cours de révision aux fins de prendre en compte le nouveau statut du Sénégal comme nouveau pays producteur d'hydrocarbures. D'où l'intérêt de prendre de nouvelles règles relatives à l'approvisionnement, au stockage stratégique pour faire face à une crise énergétique et pétrolière internationale et/ou à la résorption d'une crise interne découlant d'une défaillance dans le circuit d'approvisionnement.

La SAR existe depuis le début des indépendances et vient de finir la première phase de modernisation de la raffinerie. Ce projet qui assure l'augmentation de ses capacités à travers la construction de nouvelles installations, a été réalisé en collaboration avec la société TECHNIP FMC[61]. Ainsi, « *le contrat s'intègre dans un projet de modernisation de la raffinerie qui lui permettra de tenir le rôle prépondérant qui sera le tien dans l'exploitation de ressources exclusivement sénégalaises, à travers, notamment une augmentation de la production à 3,5 MMt/an à l'horizon 2025* ».

Toutefois le ravitaillement se fera par le biais de l'importation jusqu'en 2024 et donc dépendant largement du marché mondial et de la fluctuation du prix du baril et tributaire d'éventuelles crises internationales portant atteinte au marché pétrolier.

Dès l'apparition des premiers barils en 2024, l'approvisionnement devra être inscrit parmi les questions de sécurité publique. Dès lors, de nouvelles mesures seront nécessaires pour prévoir non seulement un approvisionnement prioritaire en quantité et qualité suffisante mais aussi des réserves pour assurer un stockage de sécurité d'approvisionnement en cas de crise interne ou externe.

Parallèlement à cette orientation, la sécurisation de la production énergétique demeure encore l'une des orientations premières de la politique énergétique. L'on ne peut pas parler d'émergence ni de politique énergétique réussie sans une production énergétique voire simplement

---

[61] Voir aussi les projets de la SAR 2.0 en cours.

électrique suffisante de qualité et à moindre coût qui mettra le pays hors délestage et à des frontières lointaines des coupures intempestives plongeant le pays dans le noir et dans l'insécurité économique.

C'est pourquoi Senelec, en charge de la production électrique doit s'assurer d'une bonne production continue, suffisante en développement de nouvelles centrales pour assurer la continuité du service public d'électricité pour les clients grands comptes ou industriels comme domestique.

Ce tableau relatif à la production[62] assez illustratif montre là où était Senelec en 2011 comparait à sa situation en 2023.

Situation système électrique du Sénégal

ANNÉE	2011	2020	2023
La pointe	449	738	1075
Énergie produite (GWH)	2559	4815	6653
L'énergie non distribuée (GWh)	267	12,26	11,67
Temps équivalent de coupure par jour de l'énergie non distribuée (END)	38	0,977	0,639
Taux d'indisponibilité des groupes	56,12	82,65	82,55
Taux de pénétration des énergies renouvelables	0	22	30
Puissance maximale disponible (MW)	472	951	1319
Total capacité de production	550	1161	1789

Cette production a été atteinte suite à un Plan de Production qui consacre un mix-énergétique équilibré et qui répond aux objectifs stratégiques du Plan Sénégal Émergent qui, à partir de 2028, trace une perspective « gaz to power » à long terme avec l'utilisation du gaz local.

[62] Rapports annuels Senelec 2011 à 2023.

Se fixant des objectifs spécifiques notamment l'optimisation du développement du parc de production, l'introduction d'un mix-énergétique varié et compétitif avec le charbon, l'introduction des énergies renouvelables, sur le plan de la production, Senelec a réalisé ces dernières années, nonobstant l'existence de projets structurants, plusieurs centrales parmi lesquelles on peut citer notamment :

- La Centrale IPP diesel de Tobène Power (105 MW) en 2016 ;
- La Centrale IPP diesel Contour Global de Cap des Biches (85 MW) en 2016 ;
- La centrale solaire de Bokhol pour 20 MW première grande centrale solaire inaugurée en octobre 2016 dénommé « *Tolou courant* » par son excellence Le Président de la République du Sénégal »
- La Centrale IPP solaire de *Malicounda* de 20 MW ;
- La Centrale IPP solaire *Santhiou Mékhé* de 30 MW en 2017 ;
- La Centrale *Ten Mérina Mékhé* de 30 MW en 2017 ;
- La réhabilitation des groupes de base de Cap des biches et Kahone, fiabilisation et sécurisation des installations finalisées en 2016 pour près de 50 MW ;
- La Centrale IPP solaire *Kahone* de 20 MW en 2017 avec *Energy Resource dans laquelle Senelec détient 49 % du capital ;*
- La centrale solaire de Sakal de 20 MW ;
- La centrale de Malicounda Dual fuel de 120 MW en 2020 dans laquelle Senelec détient 10 % ;
- La centrale WAE de Cap de biches de 300 MW au gaz dont la mise en service est prévue en 2024 dans laquelle Senelec détient 15 %.

En 2018 déjà « La production totale sur l'ensemble des Réseaux Interconnectés (RI) en 2018 est DE 3838 GWhs contre un budget de 4010 GWhs (-4 %) et une réalisation en 2017 de 3736 GWhs (+3 %). La production totale sur l'ensemble du pays est de 4038 GWhs pour un budget de 4208 GWhs (-4 %) et une production de 3920 GWhs l'an passé »[63].

---

[63] Rapport annuel Senelec 2018, p. 11.

Il ressort du rapport de l'Agence Internationale de l'Énergie (AIE) sur la politique énergétique du Sénégal que « la première source d'énergie utilisée pour produire de l'électricité reste le fioul lourd, dont la part atteignait 70 % en 2022. Le solaire photovoltaïque arrive en deuxième position, avec 11 % en 2022, suivi de l'éolien (9.8 %), dont la part a presque doublé depuis 2021, et le charbon (6 %). En 2022, le mix-énergétique comprenant également des parts de bioénergie et de déchets (1.6 %) et de gaz naturel (0.4 %) ».

Il s'y ajoute que le parc de production du réseau interconnecté a enregistré en 2018 l'accroissement de sa capacité de production (Hors location) avec l'arrivée de nouvelles centrales photovoltaïques de Sakal[64], Kahone[65] ainsi que de la centrale à charbon de Sendou[66]. La puissance totale installée passe de 917MW en 2017 à 1161 MW en 2018 soit un accroissement de 21 %.

Il faut noter que 49 % de l'énergie produite proviennent des IPP sur la base des Contrats d'Achats d'Électricité (CAE) signés entre Senelec et les producteurs indépendants et des contrats de location[67].

L'ensemble des réalisations ont permis aujourd'hui à Senelec de presque tripler sa capacité de production en passant de moins de 600 MW à 1789 MW en 2023 dont 30 % d'énergie renouvelable et 60 % d'accès universel.

Ces orientations de la politique énergétique ont un but commun qui est de réduire le coût de la production et de l'électricité pour le consommateur final. Cet objectif stratégique pourra être atteint beaucoup plus facilement avec l'arrivée des premiers barils de pétrole et le début d'exploration du gaz en 2024 qui réduiront le coût des hydrocarbures et par ricochet le coût de l'électricité et des autres énergies comme le gaz domestique.

La réduction du coût de l'électricité aura un impact significatif très favorable sur les investissements locaux et étrangers car l'une des

[64] *Idem.*
[65] *ibidem*
[66] *Ibid.*
[67] *Ibid.*

contraintes majeures de la politique d'investissement au Sénégal demeure le coût de l'énergie qui doit être soutenu aussi par une bonne politique de maîtrise et d'efficacité énergétiques.

2.1.3 De la maîtrise et de l'efficacité énergétiques

Dans les pays industrialisés, les orientations énergétiques sont passées de la maîtrise énergétique à la performance énergétique[68] du fait qu'ils disposent aujourd'hui assez d'énergie pour assurer leur indépendance énergétique. Pourtant ce concept n'est pas étranger à la politique énergétique sénégalaise qui a instauré des contrats de performance entre l'État et les sociétés en charge de l'énergie notamment Senelec pour lui imposer des indicateurs de performance permettant de mesurer la performance énergétique.

Cette orientation est érigée en programme dans la LPDSE pour rendre opérationnelle la lettre de politique. Il est indiqué que « ce programme a pour objectif de promouvoir la maîtrise et l'efficacité énergétique dans les habitudes de consommation.

Il est mis en œuvre à travers cinq (5) actions[69].

- ***Action 1*** *: Promotion de l'utilisation des équipements efficaces et mise en place de l'infrastructure pour le contrôle qualité des équipements en vue de leur conformité aux normes ;*
- ***Action 2*** *: Réduction de la facture d'électricité de l'État dans les dépenses publiques ;*
- ***Action 3*** *: Mise en place d'un dispositif pertinent d'information sur l'efficacité énergétique ;*
- ***Action 4*** *: Accompagnement des collectivités locales dans l'amélioration des performances énergétiques et la gestion de l'éclairage public ;*
- ***Action 5*** *: Améliorer l'efficacité énergétique des bâtiments dans les nouvelles constructions et les rénovations majeures.*

---

[68] Pierre SABLIERE, Droit de l'énergie, Dalloz 2013, p. 102et s.
[69] LPDSE, p. 37.

En France on parle de droit des économies d'énergie[70] qui concernent les règles de droit ayant pour objet la restriction de la consommation de l'énergie. Mais, « *les contraintes environnementales renforcent les contraintes économiques et politiques pour imposer l'élaboration d'une stratégie permettant à la fois de satisfaire les besoins d'un développement durable, tout en réduisant autant que possible les atteintes à l'environnement et les coûts économiques et sociaux liés à la production et à la consommation d'énergie* »[71].

Au Sénégal, le recours à des règles impératives est vraiment quasi-inexistant pour ne pas dire absent. Mais des efforts ont été fait avec l'utilisation des lampadaires solaires pour limiter la consommation d'énergie de l'éclairage public d'une part et les mesures prises dans le décret n°2017-1411 du 13 juillet 2017, portant interdiction de l'importation, de la production et de la commercialisation de lampes incandescence et promotion des lampes à économie d'énergie[72].

Ainsi la question de la maîtrise d'énergie dépasse celle d'économie d'énergie car elle englobe le fait de contrôler en optimisant l'énergie dans toute la chaine de production à la chaine de distribution en passant par le transport. Dès lors il faut intégrer la question de la maîtrise et de

---

[70] L. GRAMMATICO, *les moyens juridiques, du développement énergétique dans le respect de l'environnement en droit français*, P.U D'AIX-Marseille, 2003, p. 399.

[71] B. LAPONHCE, B. JAMET, M ; COLOMBIER, S. ATTALI, *Maîtrise de l'énergie pour un monde vivable*, ICE éditions, 1997, p. 14.

[72] Pourtant le décret 2011-160 du 28 février 2011 porté sur le même objet et n'a pas été appliqué. Dans le rapport de Présentation du nouveau décret il est précisé que « l'évaluation de l'impact des mesures du décret précité, réalisée en 2014 par l'Agence pour l'Économie et la Maîtrise d'Énergie (AEME) a révélé un taux assez élevé de 43,2 % sur la pénétration des lampes à incandescence classiques au niveau des ménages de Dakar.
La commercialisation de ces lampes est faite par 77,8 % des distributeurs notamment les quincailleries, les boutiques, les magasins d'appareils électroniques de Dakar, qui ont par ailleurs des niveaux de stock élevés. Ainsi 47 % de ces distributeurs ne tiennent pas compte de la mesure d'interdiction contenue dans le décret, ce qui est le cas pour 24 % des importateurs ».
Que dire de l'application du nouveau décret et des résultats de nouveaux sondages dans l'ensemble du territoire sénégalais ? il est incontestable que les contrôles n'ont pas été efficaces.

l'efficacité énergétique dans les comportements des consommateurs finaux et dans la stratégie globale des politiques publiques.

En effet, ce programme doit être lié à la politique de l'éducation, à la politique du transport, du logement[73], des industries dans le cadre de la production des machines et appareils plus efficaces et moins coûteux en énergie pour instaurer une bonne politique d'économie d'énergie.

C'est pourquoi, nous estimons que ce programme nécessite des investissements importants dans un contexte de diversification des sources d'énergie[74]. Ainsi Senelec avait fait une prise de participation dans la société *Akilee SA*[75] pour opérationnaliser en partie ce programme. Il s'agit là d'un exemple de collaboration que la société nationale doit porter pour participer ainsi à la politique de maîtrise et d'efficacité énergétique développée dans la LPDSE.

Malgré ses efforts importants de rétablissement de sa capacité de production et sa performance financière observée ces dernières années, Senelec perd chaque année des ressources significatives du fait de la persistance d'un niveau très élevé de pertes (techniques et non techniques), lesquelles la privent, et ce depuis plus de 10 ans, d'environ 17,3 % (moyenne des pertes de distribution de 2004 à 2017) de la valeur de l'électricité qu'elle produit[76].

Ces pertes, dont les standards devraient se situer à 10 % pour l'Afrique Subsaharienne, selon la Banque Mondiale, ou 7 % pour les pays occidentaux, ont représenté plusieurs centaines de milliards au cours des dernières années (800 milliards FCFA déjà perdus depuis 2004), et sont estimées à près de 1273 milliards FCFA sur la période 2019 à 2028, sur la base des projections du plan de production de Senelec à l'horizon 2030.

En juillet 2011, l'Agence pour l'Économie et la Maîtrise de l'Énergie (AEME) est créée pour servir de bras opérationnel pour la

[73] Performance énergétique des bâtiments et des entreprises.
[74] Avec la Promotion des ENR.
[75] Société de droit sénégalais dans laquelle Senelec avait fait une prise de participation de 33 %.
[76] Pertes techniques et pertes non techniques.

mise en œuvre de la politique nationale de maîtrise de l'énergie. Son organisation et son fonctionnement sont régis par décret et renforcent les instruments de la politique énergétique.

À l'instar de la politique de maîtrise d'énergie érigée comme orientation politique du gouvernement en matière énergétique, l'on peut noter son corolaire qui s'inscrit, entre autres, comme continuité notamment la promotion des énergies renouvelables.

2.1.4 De la promotion des énergies renouvelables

La promotion des énergies renouvelables est au cœur de la politique énergétique du Sénégal. En effet, la vision qui fonde la politique de développement du secteur à l'horizon 2023 est « *une énergie de qualité, disponible et accessible à tous, à moindre coût, respectueuse de l'environnement et fondement de l'émergence du pays ».* Ainsi, il est instauré au Sénégal, une politique visant à rechercher des solutions alternatives à ses problèmes d'approvisionnement en énergie, en favorisant, dans ce cadre, le développement des énergies renouvelables au moyen de la diversification des sources d'énergies renouvelables telles que les énergies éolienne, solaire, issues de la biomasse, du gaz, etc. Toutefois, le Sénégal ne peut pas assurer son développement énergétique en se basant exclusivement sur les énergies intermédiaires, il doit dans ce sens se tourner vers la politique mix-énergétique.

En France, l'art L 211-2[77] dispose que « les sources d'énergie renouvelables sont les énergies éolienne, solaire, géothermique, aérothermique, hydrothermique, marine et hydraulique, ainsi que l'énergie issue de la biomasse, du gaz de décharge, du gaz de stations d'épuration d'eaux usées et du biogaz ». Cette définition par énumération à laquelle cet article procède est très largement inspirée de la définition donnée par la directive européenne 2001/77 CE du 27 septembre 2001 selon laquelle « les sources d'énergies renouvelables sont les sources d'énergies non fossiles renouvelables (énergie éolienne, solaire, géothermique, houlomotrice, marémotrice, hydroélectrique, biomasse, gaz de décharge, gaz

[77] Code de l'énergie français, 2e édition.

des station d'épuration d'eaux usées et biogaz) la directive 2009/28/CE du 23 avril 2009 a substitué aux énergies « houlomotrice et marémotrice » les énergies « aérothermique, hydrothermique et marine »[78] ;

Cette approche française est plus large et précise que celle stipulée laconiquement dans la loi d'orientation de 2010.

En 2010, face à la forte dépendance aux énergies fossiles, le législateur sénégalais a adopté la loi 2010-21 du 20 décembre 2010 portant loi d'orientation sur les énergies renouvelables qui vise à promouvoir le développement des énergies renouvelables sur l'ensemble du territoire et la mise en place d'un cadre incitatif favorable à l'achat et à la rémunération de l'électricité produite à partir d'énergies renouvelables et à diversifier les sources de production aux fins de réduire les émissions de gaz à effet de serre.

Dans le nouveau Code de l'électricité[79], les énergies renouvelables sont traitées au chapitre huit du Code qui instaure un plan national pour la production d'électricité à partir des sources d'énergies renouvelables qui prend en compte un Plan intégré à moindre coût et la diversification des sources d'énergie. Ce texte prévoit les modalités de vente du surplus de production à la société concessionnaire concernant le surplus d'électricité.

La promotion des énergies renouvelables est devenue une réalité au Sénégal et s'inscrit comme programme dans la lettre de politique sectorielle en tant que cadre d'opérationnalisation. « Ce programme prend en charge les options de transition énergétique prises par l'État. Il s'agira de porter à 18 % à l'horizon 2023, le taux de pénétration des énergies renouvelables hors hydroélectricité dans le système électrique. Sa mise en œuvre se fera à travers la réalisation de cinq[80] (05) actions.

- ***Action 1*** : *Intensification de la production d'énergies renouvelables dans les réseaux interconnectés et les systèmes isolés tout en veillant à mitiger les risques d'intermittence* ;

---

[78] *Idem*.

[79] Loi n°2021-990 du 9 juillet 2021portant Code de l'Électricité du Sénégal.

[80] Erreur de citation dans le texte : « cinq » à la place de « quatre ».

- ***Action 2** : Développement et pérennisation de l'éclairage public solaire en rapport avec les collectivités locales* ;
- ***Action 3** : Accompagnement du développement des énergies renouvelables par la mise en place d'incitations pour la facilitation de l'acquisition d'équipements en énergies renouvelables ;*
- ***Action 4** : Utilisation plus accrue du solaire dans le développement de services productifs (agriculture, élevage, artisanat...) et l'électrification des structures communautaires (école, santé...) en zone rurale :*
- ***Action 5** : Mise en place d'un dispositif de promotion et de contrôle qualité des équipements en énergies renouvelables.*[81]

En 2012, le Sénégal a attribué à des promoteurs privés des agréments pour faciliter leur installation et la mise en place de centrales solaires et éoliennes sur l'ensemble du territoire. Ce n'est qu'en 2015 que sept parmi les dix agréés ont finalisé et commencé à exécuter leur contrat d'achat d'électricité qui pour la plupart ont été signés depuis 2013. Actuellement le mix énergétique est devenu une réalité au Sénégal avec la transition énergétique[82] qui participe à la diversification des sources d'énergie dans le pays.

Toutefois ces orientations stratégiques s'articulent autour d'un certain nombre d'instruments sans lesquels aucune politique ne pourrait être mise en œuvre.

2.1.5 De l'autoproduction à partir des sources d'énergie renouvelable

L'article 56 du Code de l'électricité dispose que « *dans le périmètre du concessionnaire, tout surplus d'énergie électrique produite dans le cadre d'une autoconsommation domestique ou d'une autoproduction est exclusivement vendu au concessionnaire, sous réserve de l'application des dispositions prévues en matière d'exportation, partiellement ou*

[81] LPDSE, p. 36.
[82] Voir chapitre 3.

totalement dans le cadre d'un contrat type[83] *approuvé par l'Organe de Régulation du Secteur de l'Énergie et dans les limites du seuil de revente de l'excédent autorisé*[84] ».

Il est dès lors important de définir l'autoproduction comme la production d'électricité dont le but premier est de satisfaire la consommation propre d'une entité individuelle dans le secteur résidentiel, industriel ou professionnel. Le décret n° 2011-2014 du 21 décembre 2011 relatif aux conditions d'achat et de rémunération du surplus d'énergie électrique d'origine renouvelable résultant d'une production pour consommation propre, définit la notion d'« Auto-producteur » qui désigne les entreprises ou les ménages qui produisent de l'électricité à partir de sources d'énergie renouvelable telles que le solaire photovoltaïque, le solaire thermique, l'éolien, l'hydrolienne, l'Énergie marémotrice, l'hydraulique, la biomasse solide et le biogaz pour leurs propres besoins et qui peuvent vendre leurs surplus à l'Exploitant de réseau. En effet, la part non-autoconsommée de l'autoproduction est injectée dans le réseau. Toutefois, les termes « Autoconsommateur » et « autoproducteur » peuvent être utilisés de manière interchangeable.

L'alinéa *infine* de l'article 56 précise que la Commission de Régulation du Secteur de l'Énergie (CRSE) est chargée par ladite loi de définir les tarifs d'achat, de vente et de rémunération de l'électricité renouvelable alors que le décret n° 2011-2014 du 21 décembre 2011 précité fixe les différentes gammes de puissance pour lesquelles ces tarifs seront déterminés selon le type d'usage (résidentiel, industriel ou professionnel) et la technologie utilisée.

La puissance installée maximale d'un système d'autoproduction est fixée comme suit :

– 120 % de la puissance de pointe pour un consommateur domestique ;

[83] Le modèle de contrat d'achat d'électricité (CAE) entre l'autoproducteur et l'exploitant du réseau est reproduit en annexe.

[84] Le seuil est de 10 % pour les industriels et de 10 à 20 % pour les domestiques.

– 110 % de la puissance nominale des équipements installés pour les consommateurs professionnels et industriels.

L'on peut distinguer plusieurs cas-types d'autoproduction :

- Le cas-type des auto-producteurs domestiques utilisant le solaire photovoltaïque en Basse Tension et les auto-producteurs Domestiques Petite Puissance ;
- le cas type d'auto-producteurs Domestiques Moyenne et Grande Puissance ;
- Le cas-type d'auto-producteurs professionnels utilisant le solaire photovoltaïque en Moyenne Tension ;
- Le cas-type d'un auto-producteur professionnel utilisant le biogaz à grande échelle ;
- Le cas-type d'un auto-producteur domestique utilisant la technologie éolienne.

Pour inciter l'investissement privé dans ce domaine, l'expérience internationale montre que l'encadrement et la promotion de l'autoproduction passent par des choix complémentaires en matière de politique fiscale et tarifaire, par la réglementation des aspects techniques, contractuels et financiers, la définition de critères d'éligibilité transparents vis-à-vis des projets d'autoproduction, ainsi que l'établissement de procédures claires relatives à la sélection de ces projets, à l'accréditation de l'installation, et à la rétribution de l'énergie injectée sur le réseau. C'est pourquoi la CRSE en date du 31 octobre 2018 proclame la décision[85] fixant des tarifs attractifs du prix d'achat du surplus d'énergie électricité des autoproducteurs déterminés pour une durée de 20 ans à compter de la date de la présente décision de la CRSE.

[85] Décision CRSE n° 2018-09 du 31 octobre 2018 relative aux prix d'achat du surplus d'énergie électrique d'origine renouvelable.

Tableau des tarifs d'achat issu de la décision de la CRSE n° 2018-09

Usager	Puissance souscrite (en kW)	Tarif d'achat du surplus (en FCFA/ kWh)
En Basse Tension (solaire photovoltaïque)		
Domestique Petite Puissance (DPP)	Inférieure ou égal à 6 kW	75
Domestique Moyenne Puissance (DMP)	Supérieure à 6 et inférieure ou égale à 17 kW	70
Domestique Grande Puissance (DGP)	Supérieure à 17 kW	60
Professionnel Petite Puissance (PPP)	Inférieure ou égale à 6 kW	65
Professionnel Moyenne Puissance (PMP)	Supérieure à 6 et inférieure ou égale à 17 kW	60
Professionnel Grande Puissance (PGP)	Supérieure à 17 kW	50
En Moyenne Tension		
Tarif Général Solaire photovoltaïque	Supérieure à 34 kW	50
Tarif Général Biogaz	Supérieure à 34 kW	50

2.1.6 De l'accès des tiers au réseau

Dans le cadre des orientations de politique énergétique, le Sénégal a consacré dans son nouveau dispositif normatif, l'Accès des Tiers au Réseau (« ATR ») comme principe devant accompagner la libéralisation du sous-secteur de l'électricité. La garantie d'un accès non discriminatoire des tiers aux infrastructures essentielles constitue une pierre angulaire de la réforme du secteur électrique. En effet, le nouveau Code de l'électricité consacre la fin du monopole du Sénégal conféré par la loi de 98-31 renouvelé deux fois à la fin de la période initiale. C'est ainsi qu'on peut noter la prise en compte de nouvelles réalités du marché de l'électricité découlant du développement du marché régional du WAPP[86], notamment l'accès des tiers au réseau.

[86] Rapport 2023 de L'Agence Internationale de l'Énergie (AIE) « *Le WAPP, qui a été créé en 1999 par la CEDEAO, a notamment pour priorité de renforcer les interconnexions entre les pays membres afin de créer un marché régional de l'électricité.*

L'accès des tiers au réseau est défini dans le nouveau code de l'électricité comme « l'accès au réseau électrique de transport et de distribution par toute personne physique ou morale autre que le gestionnaire national de réseau (Senelec) en vue de fournir de l'électricité à un producteur, un détaillant indépendant ou un client éligible ». Par conséquent, il faudra distinguer l'accès des tiers de l'accès universel qui est l'accès de tous les citoyens à des services énergétiques fiables, modernes, durables et au moindre coût.

La fin du monopole d'achat et de vente en gros de Senelec et, par là même, l'ouverture du marché de l'électricité à de nouveaux acteurs va conduire à une réorganisation du secteur électrique, notamment en assignant de nouveaux droits et obligations à ces acteurs, qu'ils soient le gestionnaire du réseau de transport, les clients éligibles, les producteurs ou encore l'autorité de régulation sectorielle.

Si le principe est consacré dans la loi portant code de l'électricité[87], les modalités sont définies dans le Code du réseau de l'électricité et les règles du marché national comme en dispose substantiellement l'article 16 du Code de l'électricité qui garantit le droit d'accès aux réseaux publics de transport et de distribution.

Le but du WAPP est d'interconnecter les 14 réseaux intérieurs des pays membres de la CEDEAO d'ici 2025 et de mettre en place à l'échelle régionale un marché de l'énergie concurrentiel qui offre à tous une électricité abondante et abordable. Les échanges qui ont lieu actuellement dans le cadre du WAPP sont majoritairement bilatéraux ; un marché de gros n'est pas encore en service. En 2023, le Sénégal a été relié au réseau d'énergie du WAPP, ce qui marquera un tournant dans les futurs échanges d'électricité. Ce sera également utile à la Gambie, dont le réseau est relié à celui du Sénégal.

Le WAPP bénéficie du soutien de nombreux partenaires et donneurs internationaux qui contribuent au financement de la construction de cette infrastructure de transport – qui vise à concrétiser la vision d'un marché régional concurrentiel – dont l'axe reliant la Côte d'Ivoire, la Guinée, le Libéria et la Sierra Leone. Pour recueillir plus efficacement des financements, les quatre pays ont créé une entité supranationale, la compagnie de transport d'électricité Côte d'Ivoire-Libéria-Sierra Leone-Guinée (Transco CLSG). La Transco CLSG a obtenu des prêts bonifiés de la Banque Mondiale, la Banque européenne d'Investissement, la KfW et la Banque africaine de Développement. En mars 2022, elle a annoncé l'achèvement de 96 % des travaux de construction du réseau, certaines portions et l'infrastructure restant à terminer. »

[87] Voir article 15 et suivants du CE.

Les personnes physiques et morales ayant droit à l'accès au service de transport et de distribution et les entreprises installées dans les Zones économiques spéciales (ZES) éligibles à l'accès aux réseaux publics de transports et de distribution sont déterminées par arrêté du ministère en charge de l'énergie (ministère du Pétrole et des Énergies-MPE) conformément à l'article 16 du Code de l'électricité.

Il serait important de rappeler que s'il est maintenant une réalité juridique au Sénégal après plus de 60 ans de monopole, il est interdit toute clause d'exclusivité ou d'accès préférentiel. Toutefois, les activités de transport et de gestion du réseau national de distribution constituent toujours un monopole de l'État confié à Senelec et susceptible d'être confié à un opérateur par convention de délégation de service public étant entendu qu'elles sont exercées au titre d'une mission de service public contrairement aux activités de production et de vente d'énergie qui ne relèvent pas d'un service public.

C'est pourquoi la Commission de Régulation du Secteur de l'Énergie (CRSE) intervient dans la procédure avant l'octroi du droit d'accès aux ayants droit. L'article 17 du Code de l'électricité dispose que « les gestionnaires de réseaux transmettent à l'Organe de Régulation du Secteur de l'Énergie (CRSE), préalablement à la signature, pour avis conforme, les demandes de raccordement au réseau qu'ils reçoivent ».

La CRSE définit les modalités d'accès ainsi que les conditions tarifaires. Elle détermine ainsi la procédure initiale de la capacité de transport disponible et veille au respect du principe des droits acquis relatifs aux ententes préexistantes.

Cependant les droits d'accès sont parfois limités du fait d'un certain nombre d'exigences rappelées à l'article 17 du Code de l'électricité qui oblige en son alinéa premier les gestionnaires de réseaux de transport et de distribution de refuser l'accès au réseau :

- À un producteur qui ne peut justifier d'une convention de délégation de service public ou de tout autre contrat visé au chapitre V du présent Code (portant sur les conventions et cahiers de charge) ou d'une licence ;

- À un détaillant indépendant qui n'exerce pas l'activité d'achat pour revente conformément aux prescriptions de la convention susvisée ou de la licence qui lui a été délivrée.

L'alinéa 2 revient sur les circonstances pouvant conduire à un refus d'accès pour motif légitime. En effet, « *Une demande d'accès au réseau peut toutefois être refusée par des gestionnaires des réseaux nationaux de transport et de distribution. Le Refus de conclure un contrat d'accès aux réseaux publics est motivé et notifié au demandeur et à l'Organe de régulation du secteur de l'énergie. Le refus est fondé sur des impératifs liés au bon accomplissement des missions de service public, sur des motifs techniques tenant à la sécurité, à la sûreté des réseaux et à la qualité de leur fonctionnement* ».

Toujours en est-il que la mise en œuvre de cette nouvelle orientation découlant de la fin du monopole de Senelec se fera progressivement et nécessite de faire évoluer le cadre juridique et réglementaire mais aussi de définir les règles techniques et contractuelles de l'Accès des Tiers au Réseau (ATR) de mettre en place un tarif d'utilisation du réseau de transport, d'adapter les CAE au nouveau contexte de marché et d'adapter le cadre opérationnel.

2.1.7 Rôle et place des partenaires internationaux dans l'élaboration des orientations de politiques énergétiques au Sénégal : l'exemple du MCA-SÉNÉGAL ET DU JETP

L'élaboration des politiques publiques en général est sujette à pas mal d'influences des partenaires stratégiques internationaux qui, à travers des accords, proposent à l'État d'inclure dans leur stratégie un certain nombre de réformes, de critères et d'objectifs. Sur le plan énergétique, deux types de partenariats retiennent notre attention : le JETP « *Just Energy Transition Partnerships* » et le MCA « *Millennium Challenge Account* Sénégal ».

JUST ENERGY TRANSITION PARTNERSHIPS (JETP)

Dans le cadre de la mise en œuvre de sa stratégie énergétique en général et de sa politique de transition énergétique, le gouvernement du Sénégal s'est engagé, lors du sommet du G7 d'Elmau du 26 au 28 juin dans le cadre d'un partenariat entre les gouvernements de la France, de l'Allemagne, du Royaume-Uni, du Canada et de l'Union européenne dénommé le Groupe des Partenaires Internationaux (IPG) aux fins d'asseoir une bonne politique de transition énergétique.

En effet, les partenariats pour une transition énergétique juste (*Just Energy Transition Partnerships-JETP*)[88] se définissent comme une forme de coopération internationale dans laquelle ils apportent des ressources de financement privilégiées allant de dons, prêt concessionnel, prêt commercial, garantie en contrepartie de la réalisation d'objectifs précis, d'un indicateur clé du système énergétique du pays en développement bénéficiaire. Ce type d'accord est élaboré au cas par cas et souvent n'est pas souvent impulsé par le pays bénéficiaire qui doit orienter les indicateurs clés et les exigences de l'accord de partenariat en corrélation avec les objectifs stratégiques de sa politique énergétique. À l'heure actuelle, l'accord JETP du Sénégal est à ses débuts et nous nous accorderons le privilège de pouvoir l'évaluer dans les prochaines années en fonction des orientations de la politique énergétique du Sénégal à condition de ne pas détériorer le plan de production énergétique de base du pays ou du Plan Intégré à Moindre Coût (PIMC).

Toutefois, il convient de rappeler que le JETP sénégalais a prévu, pour une période initiale de trois à cinq ans, d'investir un montant de deux milliards cinq cents millions d'Euros (2,5 milliards d'Euros)[89] visant à financer l'accélération du déploiement des énergies renouvelables pour atteindre d'ici 2030 un objectif de 40 % de taux de pénétration d'énergie renouvelable dans le mix-énergétique en termes de capacités installées[90].

---

[88] Depuis la COP 26, quatre accords de ce type ont été signés (avec l'Afrique du Sud, l'Indonésie, le Viet Nam et le Sénégal).

[89] Sommet du G7 pour un nouveau pacte financier mondial du 22 et 23 juin 2023 à Paris, durant lequel, le Sénégal et les pays du G7 se sont accordés sur un partenariat pour une transition énergétique juste (JETP) d'un montant de 2, 5 milliards d'euros afin de permettre au Sénégal d'augmenter sa part d'énergie renouvelable à 40 % d'ici 2030.

[90] Une nouvelle rencontre est prévue en 2025 pour faire le bilan de cette initiative.

Le Sénégal a mis à contribution plusieurs acteurs notamment le gouvernement, la société civile, le secteur privé et l'opérateur gestionnaire du réseau électrique pour parvenir à un consensus sur la proportion des énergies renouvelables dans le parc de production d'ici 2030 (plan d'investissement). D'où l'intérêt de créer des liens entre la stratégie de politique énergétique à long terme et les programmes JETP. En effet, « *dans sa lettre de politique du développement du secteur de l'énergie (LPDSE) 2024-2028, le Sénégal intègrera les engagements pris dans le cadre du présent accord. D'ici la COP30, le Sénégal, conformément au dispositif de l'Accord de Paris, adoptera une nouvelle contribution déterminée au niveau national (CDN) qui devra refléter l'ambition climatique renforcée de sa nouvelle stratégie énergétique* »[91].

L'approche a été confirmée dans les considérants du pacte notamment en s'engageant à renforcer le développement des énergies renouvelables « *et de toutes les infrastructures et technologies éprouvées qui accéléreront leur déploiement et leur utilisation, y compris l'amélioration du stockage et la stabilisation du réseau ; grâce à cet effort continu, et avec la mobilisation des financements de l'IPG, le Sénégal a l'intention de porter la part des énergies renouvelables en capacité installée à 40 % de son mix électrique d'ici 2030 en cohérence avec les études menées dans le cadre du Plan Intégré à Moindre Coût (PIMC)* »[92]. Par conséquent, la prise en compte de la cohérence des politiques publiques dans le cadre de la définition des orientations de politique énergétique doit être rigoureusement surveillée dans les programmes de partenariat si nous voulons tirer de meilleurs profits pour le pays. Car ce programme doit tenir compte aussi des priorités des pays en développement malgré les facilités de financement par le biais de subventions ou de prêts concessionnels et du plan d'investissement à mettre en place un an après la signature du premier JETP. Cette cohérence doit être corroborée dans le plan de production électrique de base du Sénégal à l'horizon 2030.

---

[91] Pacte du partenariat pour une transition énergétique juste au Sénégal.
[92] *Idem*.

Confronté aux défis spécifiques et globaux liés à l'accès universel à l'électricité, au coût élevé de l'électricité et au chômage, le Sénégal, dans le cadre du JETP, s'est « *engagé à accélérer les actions visant à limiter le réchauffement climatique à un niveau bien inférieur à 2°C par rapport aux niveaux préindustriels et résolus à poursuivre les efforts pour le limiter à 1,5°C, afin d'éviter ses effets les plus néfastes, ainsi que les risques pour les sociétés et les économies, ce qui nécessite une transition des systèmes énergétiques au niveau mondial* »[93]

Le Sénégal entend, dans le cadre du JETP, utiliser ses ressources en gaz naturel comme une énergie de transition dans la perspective d'un développement socio-économique avec la stratégie Gas to Power par une sortie progressive des centrales fonctionnant aux combustibles et au fioul lourd.

C'est ainsi que les pays partenaires dans le cadre du JETP se sont engagés à fournir un soutien financier traduit en termes de dons, subventions, garantie, prêt commercial ou concessionnel pour les efforts d'atténuation et d'adaptation au changement climatique des pays en développement. Ils reconnaissent que l'accès à des sources de financements durables et concessionnels de la part des pays développés, des institutions multilatérales et des investisseurs est primordial au succès d'une transition énergétique juste et équitable.

LE MILLENNIUM CHALLENGE ACCOUNT SÉNÉGAL (MCA_SÉNÉGAL II)

Le Millennium Challenge Corporation « MCC » est une agence américaine agissant pour le compte du Gouvernement des États-Unis dans le cadre de la mise en œuvre du programme Compact. C'est ainsi que le Sénégal a conclu son premier Compact Millennium Challenge le 16 septembre 2009, entré en vigueur le 23 septembre 2010. Cet accord visait à réduire la pauvreté et à accroître la croissance économique en libérant la productivité agricole du pays et en élargissant l'accès aux marchés et aux services grâce à des investissements dans la réhabilitation des routes, l'irrigation et la gestion des ressources en eau.

93 *Ibidem.*

Sur la base des bons résultats obtenus par le Sénégal dans le cadre de ce premier accord, ainsi que de la performance positive soutenue du pays dans les domaines politiques mesurés par le tableau de bord du MCC, le Conseil d'administration du MCC a choisi le Sénégal comme pays éligible à élaborer un second Compact en décembre 2015 et d'axer le deuxième Compact sur les contraintes du secteur de l'électricité qui risquent de porter atteinte aux investissements privés. Ce faisant, MCC et le Gouvernement ont, par ailleurs, défini ces contraintes comme étant le coût élevé de l'électricité pour les entreprises raccordées au réseau, le faible accès à l'électricité en dehors de Dakar et le manque de fiabilité de l'électricité pour les consommateurs, ce qui réduit la rentabilité des entreprises en augmentant les coûts et l'incertitude relative à la production. L'Accord pour le second Compact fut signé le 10 décembre 2018 pour un montant de cinq cent cinquante millions dollars américains (US$550,000,000) conformément au « Financement du Programme »[94]. Toutefois, il est convenu entre les parties que le Gouvernement du Sénégal va contribuer à hauteur de cinquante millions de dollars américains (US$50,000,000) sur la durée du Compact pour atteindre les objectifs de projets du présent Compact. Le 27 janvier 2019, la loi n° 2019-08 autorise le Président à ratifier le Compact signé le 10 décembre 2018 entre le Gouvernement des États unis d'Amérique représenté par le Millennium Challenge Corporation et Gouvernement du Sénégal représenté par le ministère de l'Économie et des Finances.

C'est ainsi que le 7 janvier 2020, le « MCA-Sénégal II », structure administrative dotée de la personnalité morale et de l'autonomie financière est créé par décret[95] conformément aux exigences de l'Accord qui stipulait que le Gouvernement du Sénégal était chargé de « *créer une entité autonome responsable de mettre en œuvre le Programme, et d'exercer et de remplir les droits et obligations du Gouvernement à suivre, gérer et mettre en œuvre le Programme, y compris sans s'y limiter, la gestion de*

[94] Voir art. 2 du Compact du 10 décembre 2018 et l'accord de mise en œuvre du programme.
[95] Décret N°2020-23 portant création et fixant les règles d'organisation et de fonctionnement du second *Millennium Challenge Account* Sénégal (MCA_Sénégal II).

la mise en œuvre des Projets et leurs activités, l'allocation des ressources, et la gestion du processus de passation de marchés. »

Conformément au Plan de suivi évaluation, ce Compact, entrée en vigueur le 09 septembre 2021, vise à soutenir la réduction de la pauvreté à travers la croissance économique en mettant l'accent sur le secteur de l'électricité à travers les trois (3) projets[96] suivants :

– le Projet « **Transport** » : projet de modernisation et renforcement du réseau de transport de Senelec ;

– le Projet « **Accès** » : projet d'amélioration de l'accès à l'électricité dans les zones péri-urbaines et rurales ;

– le Projet « **Réforme** » : projet de cadre propice et de renforcement de capacités des acteurs [97] notamment la Commission de Régulation du Secteur de l'Énergie (CRSE) et le Ministère du Pétrole et des Énergies (MPE).

Par rapport au dernier axe portant sur la réforme, le présent Compact d'une durée de cinq (5) années vise aussi à renforcer les lois, politiques et règlements régissant le secteur de l'électricité du Sénégal, ainsi que « *la réorganisation opérationnelle du secteur qui permettra à Senelec de devenir une holding à participation publique, possédant des filiales distinctes et autonomes de production, de transport et de distribution ; une réorganisation des ventes et du système hors réseau ; un environnement porteur renforcé pour le secteur privé dans les domaines de la production, du transport, de la distribution et des ventes ; et un cadre législatif, institutionnel et réglementaire complémentaire* »[98].

---

[96] Pour plus d'informations sur ce programme, veuillez visiter la page Sénégal II sur le site web :
https://www.mcc.gov/where-we-work/program/senegal-power-Compact#:~:text=The%20five-year%2C%20%24550%20million%20MCC%20Power%20Compact%2C%20between,to%20addresses%20these%20significant%20constraints%20to%20economic%20growth

[97] Plan de Suivi-Évaluation *Millennium Challenge Account* Sénégal (MCA_Sénégal II), mars 2022, p. 23.

[98] Plan de Suivi-Évaluation *Millennium Challenge Account* Sénégal (MCA_Sénégal II), mars 2022, p. 32.

Les conditions de décaissement de ces fonds sont assujetties à la réalisation de toutes ces exigences qui doivent être analysées en corrélation avec les orientations de nos politiques publiques.

2.2 DES INSTRUMENTS DE LA POLITIQUE ÉNERGÉTIQUE

Pour mettre en œuvre une bonne politique énergétique, le Sénégal s'est doté d'un certain nombre d'instruments fondamentaux indispensables pour conduire les orientations définies. C'est pourquoi il serait important de mettre en exergue les principaux acteurs de cette politique énergétique (Section 3) mais faudrait-il au préalable ériger un bon service public de l'énergie (Section 1) basé sur un plan intégré à moindre coût en instaurant un programme pluriannuel (section 2).

2.2.1 Un service public de l'énergie

Si le droit de l'énergie peut être appréhendé comme le droit à toute personne de pouvoir disposer d'un minimum d'énergie à moindre coût indispensable à sa survie indépendamment de sa situation sociale, l'érection de l'Énergie en service public s'impose et conduit le Sénégal à en faire son moteur du développement. Aux termes de l'article 14 du CE, « Les activités de transport et de gestion du réseau national de distribution constituent un monopole de l'État susceptible d'être confié à un opérateur par convention de délégation de service public.

Les activités de production, de transport, d'importation, de stockage, de distribution et de vente sur l'ensemble du territoire de la République du Sénégal et relevant de l'autorité de l'État sont exercées comme un service public. En effet la notion de service public est définie comme « *toute activité dont l'accomplissement doit être assuré, réglé, et contrôlé par les gouvernants parce que l'accomplissement de cette activité est indispensable à la réalisation et à l'accomplissement de l'interdépendance sociale et qu'elle est de telle nature qu'elle ne peut être réalisée par l'intervention de la force gouvernante* »[99]

[99] L. DUGUIT, *Traité de droit constitutionnel*, tome II, 1928, p. 61.

Le service public de l'énergie s'inscrit dans le cadre juridique général qui gouverne les lois du service public en général. Selon Jacques Chevallier : « *les lois du service public désignent l'ensemble des principes fondamentaux applicables à tous les services publics, indépendamment de leur caractère administratif ou industriel et commercial, et indépendamment de leur mode de gestion. Il s'agit d'un socle commun à tous les services publics, censé guider et encadrer leur fonctionnement dans l'intérêt des usagers.* »[100]

C'est pourquoi le service public de l'électricité était bien rappelé dans la loi de 98-29 sur le secteur de l'électricité qui accordait à la Senelec « pour une certaine durée, le monopole de l'achat en gros et le monopole du transport, en revanche, une large place est faite au secteur privé tant au niveau de la production que de la distribution et de la vente de l'énergie électrique ».

Le service public de l'énergie est matérialisé par trois critères ; d'abord fonctionnel, c'est-dire que le but ou l'objectif poursuivi doit être d'intérêt général, ensuite matériel, marqué par l'existence de prérogatives de puissance publique conférées à l'organisme en charge de cette mission et enfin institutionnel, c'est-à-dire exercé sous le contrôle de l'autorité étatique[101].

À ces critères s'ajoutent les principes généraux du service public que sont les principes d'égalité, de continuité et d'adaptabilité. D'autres principes se sont greffés à ces principes fondamentaux accompagnant l'évolution et l'adaptabilité de la notion de service public notamment le principe de transparence, le principe de responsabilité.

Le service public de l'énergie embrasse beaucoup de sous-secteurs tels que le sous-secteur de l'électricité dont l'État a mis en place des solutions d'urgence axées en priorité sur la réhabilitation du parc de production d'électricité, la location de capacités, l'extension de centrales existantes accompagnées de subvention pour baisser le prix du kWh et garantir un accès large et fiable à une énergie de qualité et à bon marché ;

---

[100] J. CHEVALLIER, "Regards sur une évolution", *AJDA*, 1997, p. 8.
[101] La création de la CRSE.

Il y a aussi le sous-secteur des hydrocarbures marqué par les récentes découvertes de pétrole et de gaz plaçant ainsi le Sénégal dans le giron des pays producteurs.

C'est à travers les missions de service public que les grandes orientations de la politique énergétique sont définies. Ainsi, est-il précisé dans le Plan Sénégal Émergent et dans la lettre de politique sectorielle que le service public de l'énergie concourt à l'indépendance stratégique de la nation et favorise la compétitivité économique et c'est pourquoi « des avancées notables sont notées dans le sous-secteur des hydrocarbures avec l'attribution de plusieurs blocs du bassin sédimentaire dont trois (03) ont enregistré des découvertes de pétrole et de gaz avec d'importantes réserves. Dans le sous-secteur de l'électricité, la performance a trait principalement à l'augmentation des capacités de production avec une forte pénétration des énergies renouvelables, l'amélioration de la continuité et de la qualité de service avec une réelle volonté de prise en compte du principe de maîtrise d'énergie dans les habitudes de consommation. Dans le sous-secteur des combustibles domestiques, la promotion et l'introduction de systèmes de production durable et de consommation efficiente notamment en zone rurale constitue une contribution majeure à l'accès des populations aux services énergétiques modernes de cuisson »[102] ;

C'est pour dire que l'énergie est au cœur du dispositif institutionnel étatique du service public de l'État du Sénégal

Toutefois, pour atteindre les performances souhaitées, il faut nécessairement mettre en place un Plan intégré à moindre coût pour bien planifier et atteindre les objectifs fixés par l'État.

2.2.2 De la nécessité d'un plan intégré à moindre coût comme instrument de la politique énergétique

L'un des instruments de la politique énergétique et de loin le moins important demeure l'intégration d'un plan intégré à moindre coût (PIMC) dans le nouveau dispositif juridique. En effet, Le PIMC vise à intégrer les objectifs principaux de la vision du gouvernement dans le

[102] LPDSE, p. 10.

secteur (parfaite disponibilité d'énergie, desserte totale de la population, prix d'électricité bas pour les ménages et compétitif pour soutenir l'économie du pays), tels que précisés par le Plan Sénégal Émergent et les lettres de politique sectorielle.

Avec la multiplicité des acteurs, chaque entité suit son propre processus de planification et aucune ne dispose d'une vision intégrée couvrant l'ensemble du secteur. À court terme, il apparait donc nécessaire de procéder à la rationalisation des différentes études stratégiques sous un leadership renforcé et intégré au sein du ministère en charge de l'énergie. C'est ainsi qu'il était prévu de l'intégrer dans la loi 2021-31 du 9 juillet 2021 portant Code de l'électricité qui pourtant l'a annoncé dans le chapitre III de la loi[103]. Les raisons d'un tel oubli ne sauraient être analysées ici mais il est nécessaire de rappeler les éléments qui composent le PIMC du secteur de l'électricité.

Le Plan intégré à moindre coût sur vingt (20) ans comprend au moins les éléments suivants :

- Des scénarios de projection de la demande sur un horizon de15 ou 20 ans ;
- Un modèle technico-financier intégré à mettre à jour annuellement ;
- Un Plan de développement de l'électrification (réseau et hors-réseau) au Sénégal dans le temps (sur un horizon de 20 ans) et dans l'espace (vision géospatiale), y compris les demandes correspondant à d'éventuels projets d'interconnexion ;
- Un plan optimisé et intégré de développement des capacités de production et des réseaux de transport et de distribution pour l'ensemble du pays et des acteurs ;
- Un plan de renforcement et de mise à niveau des réseaux existants de transport et de distribution ;
- Un plan d'investissement indicatif pour la production, le transport, la distribution et l'électrification rurale ;

[103] Le PIMC fera l'objet d'un décret d'application.

- Des plans de financement public et/ou privé développés à partir d'études sommaires avec l'appui de l'Unité nationale d'appui aux partenariats public privé pour les principales infrastructures (unités de production centralisées, ligne de transport et interconnexions) ;
- La prise en compte des priorités de promotion de maîtrise de l'énergie et d'efficacité énergétique et de leur potentiel de réduction de la demande d'électricité ;
- La prise en compte de la problématique de l'approvisionnement en combustibles des unités de production ;
- La prise en compte des dimensions socio-économique, de soutenabilité environnementale et de sécurité énergétique du pays.

Une fois approuvé, le Plan intégré à moindre coût devrait être publié en intégralité et en accès libre sur le site internet de la Commission de Régulation du Secteur de l'Énergie.

La planification intégrée devrait constituer la référence pour les nouvelles capacités de production, de transport, de distribution-vente et les actions de maîtrise de l'énergie, ainsi que pour la régulation tarifaire afin d'optimiser les investissements et le coût du service de l'électricité.

2.2.3 Des acteurs de la politique énergétique

Il s'agit de passer en revue l'ensemble des acteurs de la politique énergétique et d'en faire une brève présentation. Les acteurs peuvent être classés en trois catégories : les acteurs institutionnels, les acteurs opérationnels et les usagers du service public pour ne pas dire les consommateurs finaux.

2.2.3.1 Les acteurs institutionnels

LE MINISTÈRE EN CHARGE DE L'ÉNERGIE ET DES HYDROCARBURES

Le ministre chargé de l'énergie et des hydrocarbures veille à l'adéquation des choix stratégiques de la politique énergétique du Sénégal. À ce titre, il met en œuvre la politique définie par le Chef de l'État dans le secteur des énergies et des hydrocarbures. Le ministre du Pétrole et des Énergies assure conformément à la LPDSE :

- La promotion, orientation, réglementation, coordination et contrôle des activités de recherche, d'extraction et de production du pétrole brut, du gaz naturel et autres hydrocarbures ;
- Le développement de la transformation des hydrocarbures en produits semi-finis ;
- La gestion des normes et spécifications des produits pétroliers, contrôle de la qualité de ces produits et lutte contre la fraude ;
- La mise en place d'un cadre institutionnel et légal pour renforcer la compétitivité et la concurrence en vue du développement des secteurs du pétrole et de l'énergie ;
- La réglementation et contrôle de la constitution et de la gestion des stocks de sécurités des produits pétroliers ;
- Le Collecte et la diffusion de la documentation scientifique et technique relative aux secteurs du pétrole et de l'énergie :
- La sécurité des approvisionnements en hydrocarbure et en énergie ;
- Utilisation rationnelle et durable des ressources énergétiques ;
- La mise en œuvre et suivi d'un programme de couverture totale du territoire national en électricité ;
- L'intensification des actions de mise en œuvre et de suivi de programmes énergétiques conventionnels ou non en faveur du monde rural ;
- La réglementation, le contrôle et l'orientation de la production, du transport et de la distribution des énergies conventionnelles et des énergies nouvelles et renouvelables ;
- Le développement des ressources humaines dans le secteur du pétrole et des énergies
- La mise en œuvre et suivi de la politique du Gouvernement en matière d'économie d'énergie et de promotion d'énergie renouvelable ;
- L'intensification de l'action de sensibilisation à l'utilisation du gaz comme source d'énergie domestique.

LA CRSE

Il faut rappeler que la réforme du secteur de l'énergie de 1998 avait introduit des mécanismes de régulation par la loi n° 98-29 du 14 avril 1998 relative au secteur de l'électricité qui avait notamment abouti à la création d'une autorité indépendante dénommée Commission de Régulation du Secteur de l'Électricité.

Avec les découvertes du pétrole et du gaz, il est devenu nécessaire de mettre en place une autorité de régulation forte, capable d'assurer un fonctionnement transparent des activités de l'aval du sous-secteur des hydrocarbures, d'accompagner la libéralisation totale des activités et de stimuler la concurrence au bénéfice des consommateurs.

La création de la nouvelle Commission de Régulation du Secteur de l'Énergie (CRSE) par la loi n°2021-32 du 9 juillet 2021 portant création, attribution organisation et fonctionnement de la CRSE permet d'asseoir solidement les actions de régulation dans le nouveau secteur régulé en fusionnant le Comité national des Hydrocarbures (CNH) et la CRSE. Ce choix est dicté par la nécessité d'assurer une meilleure cohérence entre le sous-secteur de l'électricité et celui aval du sous-secteur des hydrocarbures consacre l'abrogation de la loi 98-29 ainsi que les dispositions de la loi 98-31 relative au Secrétariat permanent du CNH.

Il ressort de l'exposé des motifs de la loi que « la réforme propose de mieux cibler la mission du régulateur dans ses différentes composantes stratégiques, juridiques, techniques de régulation de la concurrence tarifaire et de contrôle précisant pour chacune de ces composantes la nature de ses pouvoirs exercés. À cet effet, La CRSE devient un acteur institutionnel central pour le secteur de l'énergie au Sénégal et il est apparu évident qu'une loi unique présentant l'ensemble de ses attributions, fonctions, pouvoirs et modalités de financement et couvrant le sous-secteur électrique, hydrocarbures aval et intermédiaire soit adoptée ».

La CRSE à des missions qui sont à la fois réservées au secteur de l'électricité et au secteur des hydrocarbures.

Ainsi, la CRSE est compétente en matière électrique sur tous les plans (compétence exclusive). Elle est aussi compétente dans le cadre des activités en aval et intermédiaire en matière pétrolière et gazeuse.

Elle surveille le marché de l'énergie pour cela, elle bénéficie d'un certain nombre d'attributs notamment une attribution de contrôle sur les activités réglementées, une attribution stratégique : elle est souvent saisie pour des orientations sur la politique énergétique du Pays, une attribution technique, des attributions décisionnelles (elle émet des avis, des décisions) ainsi des attributions en matière tarifaire.

L'AEME

L'Agence pour l'Économie et la Maîtrise de l'Énergie (AEME), créée en juillet 2011 sert de bras opérationnel pour la mise en œuvre de la politique nationale de maîtrise de l'énergie. Pour ce faire, elle s'appuie sur la promotion de l'efficacité énergétique, l'utilisation rationnelle de l'énergie et la diversification énergétique auprès de tous les consommateurs et pour tous les secteurs d'activités. L'AEME vise la réduction durable des consommations d'énergie nationale en mettant en place des bases solides avec une approche intégrée tenant compte des principales formes d'énergie utilisées que sont l'électricité, les combustibles domestiques et les produits pétroliers.

L'ANER

Le décret n° 2013-684 du 17 mai 2013 porte création, organisation et fonctionnement de l'ANER qui est placée sous la tutelle du ministère en charge de l'Énergie et du ministère en charge des Finances.

L'ANER a pour mission de promouvoir l'utilisation des énergies renouvelables, y compris la bioénergie dans tous les secteurs d'activités. Elle est chargée de :

- Contribuer à l'élaboration d'un cadre législatif et réglementaire attractif pour le développement des énergies renouvelables ;
- Identifier, évaluer et exploiter le potentiel en ressources énergétiques renouvelables disponibles et économiquement exploitables dans les différentes régions du pays ;

- Vulgariser l'utilisation des équipements pour la production d'électricité d'origine renouvelable ;
- Réaliser des études prospectives et stratégiques pour le développement des énergies.

Le COS-PETROGAZ

Suite à la découverte de gaz et de pétrole au Sénégal, Son Excellence Monsieur le Président de la République a mis en place au sein de la Présidence de la République, en octobre 2016, le Comité d'Orientation Stratégique du Pétrole et du Gaz (COS-PETROGAZ)[104]. La création de cet organe répond à la volonté du Chef de l'État de mettre en place un mécanisme de coordination stratégique performant et transparent pour le secteur des hydrocarbures.

En tant qu'organe de pilotage stratégique, le COS-PETROGAZ a pour mission d'assister le Président de la République et le Gouvernement dans la définition de la politique de développement du secteur pétrolier et gazier et d'en assurer le suivi de la mise en œuvre, à travers son Secrétariat Permanent qui en est l'outil de supervision.

L'art 7 dudit décret dispose que « pour la mise en œuvre des délibérations du COS-PETROGAZ, il est créé auprès du ministre chargé de l'Énergie, une unité d'exécution et de gestion, dénommée GES-PETROGAZ.[105]

2.2.3.2 Les acteurs opérationnels

ASER

L'Agence sénégalaise d'Électrification rurale (ASER) est chargée d'accorder aux entreprises du secteur de l'électricité et aux particuliers

---

[104] Décret n°2016-1542 du 03 octobre 2016 portant création et fixant les règles d'organisation et de fonctionnement du Comité d'Orientation Stratégique du Pétrole et du Gaz (COS-PETROGAZ).

[105] Arrêté conjoint n°14028 en date du 09 août 2017 fixant les règles d'organisation et de fonctionnement du GES-PETROGAZ. Voir aussi Arrêté interministériel n°9760 en date du 18 mai 2018 fixant les règles d'organisation et de fonctionnement de l'Unité d'exécution et de Gestion GES-PETROGAZ.

l'assistance technique et financière nécessaire pour soutenir les initiatives en matière d'électrification rurale, conformément au décret créant l'Agence sénégalaise d'Électrification rurale.

L'Agence sénégalaise d'Électrification rurale (ASER) a été créée par décret n° 99-1254 du 30 décembre 1999. Elle a, entre autres, comme objectifs de :

- Situer l'électrification rurale dans une perspective de développement économique et social durable, par une exigence de reproductibilité et de viabilité technique et économique dans le montage des opérations ;
- Impliquer le secteur privé, le secteur associatif et les collectivités locales en position d'acteurs moteurs de l'électrification rurale.

La nouvelle loi portant Code de l'électricité fait référence à la structure en charge de l'électrification rurale et prévoit en son article 10 comme acteur du sous-secteur les titulaires de titre d'exercice en matière d'électrification rurale. Il dispose que « Le recours à des concessionnaires d'électrification rurale, à des concessionnaires d'électrification décentralisées ou de fermiers est encadré par des Appels d'Offres lancés par la structure en charge de l'électrification rurale (en l'occurrence l'ASER) sous la supervision de l'organe de Régulation du Secteur de l'Énergie », la CRSE.

LE RÉSEAU GAZIER DU SÉNÉGAL (RGS)

Avec les découvertes pétrolières et gazières et la stratégie Gas to Power mise en place, l'État du Sénégal a créé le 18 novembre 2019 la société Réseau Gazier du Sénégal (RGS)[106] dans la perspective de prendre en charge les activités intermédiaires et aval gazier aux fins de mettre en place le réseau de gazoducs du Sénégal pour acheminer le gaz vers les centrales électriques de Senelec et le réseau domestique.

[106] Les actionnaires de la société sont FONSIS avec initialement 51 % rendu à 30 % actuellement, Petrosen Holding 30 % initialement rendu 51 % actuellement et Senelec 10 %.

SAR

La Société africaine de raffinage (SAR) assure la disponibilité et la qualité des produits pétroliers au marché sénégalais. L'État du Sénégal a décidé que la sécurisation de l'approvisionnement du pays en produits pétroliers passe nécessairement par le maintien à moyen terme de l'outil de raffinage. La Société africaine de Raffinage (SAR), qui a pour mandat d'approvisionner le pays en combustibles, couvre 40 % des besoins par sa production propre et le reste par l'importation. L'extension et la modernisation de son outil de production va permettre d'augmenter la capacité de la SAR de 1,2 à 1,5 millions de tonnes par an. En outre, l'arrêt métal effectué en 2022 a permis d'augmenter la disponibilité de ses installations.

LES PRODUCTEURS INDÉPENDANTS

La production indépendante est une opportunité attractive pour le secteur privé. En effet, le contexte de stabilité politique et de croissance économique au Sénégal en fait une destination attractive pour l'investissement international, plus particulièrement dans le secteur de l'électricité. L'Agence Nationale pour la Promotion des Investissements et des Grands Travaux (APIX) a été mise en place afin de faciliter les démarches de ces investisseurs, et a pour vocation de jouer le rôle de guichet unique. Les projets de production indépendante d'électricité bénéficient en outre d'un cadre légal et réglementaire favorable. Les contrats d'achat d'électricité, passés avec la Senelec, sont sécurisés par une garantie souveraine et d'autres sûretés de paiement. Le franc CFA étant indexé sur l'Euro, les risques de change pesant sur les revenus des IPP sont faibles. Favorisée par cet ensemble de facteurs, la production indépendante d'électricité représente aujourd'hui 250 MW de puissance thermique et 100 MW de solaire. L'intérêt des investisseurs locaux pour la production électrique ne se dément pas : plusieurs sites vont être mis en service dans les prochains mois et la dynamique actuelle devrait se poursuivre sur le long terme. D'où la nécessité de sensibiliser les investisseurs nationaux à se lancer dans ces projets rentables. Il faut cependant souligner qu'à mesure que croît le nombre de contrats d'achat d'électricité en vigueur, le risque de défaut augmente et la capacité de l'État à offrir des garanties diminue. À terme, les futurs IPP ne pourront être bancables qu'à condition que le secteur continue de progresser vers la soutenabilité financière. Le cadre doit également continuer d'évoluer pour passer du modèle actuel d'acheteur unique, à un marché plus ouvert. La mise en place de l'accès des tiers au réseau (ATR) devrait permettre la vente directe entre producteurs et consommateurs, créant ainsi de nouvelles opportunités d'investissement privé. Cette évolution comporte toutefois un certain nombre de défis : aujourd'hui assuré par la Senelec, l'équilibre offre-demande sera à terme du ressort d'un opérateur du système de transport qui devra maintenir l'indépendance et l'impartialité dans un marché plus complexe.

SENELEC

La Senelec est une entreprise publique verticalement intégrée qui opère dans le cadre d'un contrat de concession de 25 ans, signé en 1999 avec le Gouvernement du Sénégal. La Senelec est sous la tutelle du Ministère en charge de l'Énergie, et a à sa tête un Directeur général nommé par son Conseil d'Administration. Le Gouvernement confirme cette nomination par un décret. Après des tentatives de privatisation entre 1999 et 2002, la Senelec a conservé le statut de compagnie publique dans un environnement de plus en plus marqué par la participation du secteur privé, notamment dans la production. La Senelec assure aujourd'hui environ 50 % de la production d'électricité nationale. Bénéficiant du statut d'acheteur unique jusqu'en mars 2019, la Senelec achète l'intégralité de la production des producteurs indépendants environ (40 % de la production) et des importations depuis les centrales de l'OMVS et de la Mauritanie (9 %). Le Plan de production de la Senelec prévoit pour les années à venir une croissance de la production d'électricité indépendante et des importations, couplée à une pénétration de plus en plus marquée des énergies renouvelables intermittentes sur le réseau. Il s'agit là d'un enjeu important, tant en termes techniques qu'en termes commerciaux. Tirée par une forte augmentation de la demande, la

Senelec est une entreprise dynamique. Au cours de l'année 2017, plus de 130 000 nouveaux consommateurs ont été raccordés, la pointe maximale du réseau a cru de 8 % et l'énergie totale injectée de 9 %. Cette opportunité de croissance se traduit comme autant de défis pour l'entreprise : couvrir un territoire géographique plus vaste, entretenir des réseaux plus étendus, plus complexes aussi à mesure que progresse l'intégration régionale, rester à l'écoute d'une clientèle plus nombreuse, plus diversifiée et plus exigeante. La mobilisation de moyens et de capacités supplémentaires s'avèrera nécessaire de manière continue dans les prochaines années. L'externalisation de certaines fonctions, qui a déjà commencé avec le recours à des prestataires externes pour le recouvrement, offre une piste intéressante face à ces défis. La situation financière de Senelec a longtemps été difficile. Senelec a régulièrement subi des pertes depuis sa création et reçoit un soutien financier de la part du budget de l'État. Ce soutien prend la forme soit de subventions, soit de compensations tarifaires correspondant à la différence entre le Revenu Maximum Autorisé calculé par la CRSE, et les tarifs de vente effectivement approuvés. Les modalités et le calendrier de versement de ces soutiens varient. Une amélioration notable est à l'œuvre depuis 2015. En 2016, pour la première fois, Senelec n'a pas eu besoin de compensation tarifaire pour équilibrer ses comptes. Bien que des compensations soient à nouveau nécessaires pour les exercices 2017 et 2018, le lancement réussi de l'emprunt obligataire « Senelec 6,5% 2018-2025 » démontre la crédibilité accrue de Senelec sur le plan financier. Les raisons de cette amélioration sont en partie externes et liées à la baisse du prix international des hydrocarbures : 80 % de la production électrique sénégalaise est effectivement thermique. Mais les indicateurs démontrent également que les efforts engagés par la Senelec dans le cadre du Contrat de performance et du Plan stratégique « Yeesal » portent leurs fruits. Par exemple, les indices SAIFI[107] et SAIDI[108], qui évaluent respectivement le nombre et la durée des coupures ressenties par la clientèle, ont baissé de 40 % entre 2016 et 2017. Le système à

---

[107] Fréquence moyenne des coupures de courant affectant un consommateur final dans un périmètre spécifique pour une période définie.
[108] Indice de Durée moyenne d'interruption d'un système.

prépaiement Woyofal se déploie rapidement et apporte de nettes améliorations de la performance commerciale. Ces améliorations ne sont pas encore répercutées sur le prix à la consommation, et il faut aussi noter que les coûts d'exploitation de Senelec vont pour quelques années encore – jusqu'à l'arrivée massive du gaz dans le mix de production, prévue pour 2025-2030 – être fortement dépendants des fluctuations du prix des énergies fossiles.

Le prépaiement peut être aussi perçu comme un moyen de lutter contre les difficultés de recouvrements des créances de Senelec. En effet, le Prépaiement est une stratégie commerciale qui exige du client le paiement à l'avance d'une somme d'argent, autrement dit un prépaiement du service. Cette somme diminue au fur et à mesure que le client reçoit le service. Le service s'arrête lorsque le solde du client atteint zéro. Il reprend lorsque le compte du client est réapprovisionné en argent. Cette stratégie commerciale permet au client de supporter progressivement le coût du service.

Le recours à des compensations tarifaires et à d'autres formes de soutien budgétaire de l'État risque de rester nécessaire dans les années à venir.

2.2.3.3 Les acteurs usagers du service public : les consommateurs finaux

Le consommateur est la personne utilisatrice des biens et services dans le secteur de l'énergie. Il représente les clients finaux des distributeurs ou détaillants indépendants revendeurs ou bien même l'usager du service public voire même l'État. Il joue un rôle non négligeable dans la définition des politiques publiques au Sénégal.

Les associations de consommateurs, par leur mission de veille et d'alerte, participent au développement du secteur de l'électricité. Elles sont consultées par la Commission de Régulation du Secteur de l'Énergie sur les questions relatives au secteur. Un Comité consultatif des associations de consommateurs et des organisations représentatives de la société civile est constitué conformément aux dispositions organisationnelles de ladite Commission telles que définies par la loi portant création de la Commission.

C'est pourquoi le consommateur, pris individuellement, ou toute association de consommateurs ou organisation représentative de la société civile sont habilités à saisir la Commission de toute réclamation ou litige portant sur le non-respect des dispositions du Code de l'électricité par exemple, conformément aux dispositions de la loi portant création de la Commission de Régulation du Secteur de l'Énergie.

2.3 DE LA TRANSITION ÉNERGÉTIQUE

Le système énergétique actuel dans le monde est fortement dépendant des combustibles fossiles. Pendant longtemps, le Sénégal est confronté à une forte dépendance énergétique vis-à-vis des importations de produits pétroliers.

Toutefois, les découvertes récentes du pétrole et du Gaz dont l'exploitation est prévue en 2024 laissent présager une sécurité énergétique du pays tendant à réduire une telle dépendance. En effet, la vision de l'État est de rendre l'énergie parfaitement disponible, et à moindre coût. L'atteinte de cette vision requiert d'abord et principalement une indépendance et une sécurisation énergétiques qui passent nécessairement par la diversification des ressources énergétiques et la promotion locale des énergies renouvelables, en particulier l'énergie solaire, un atout considérable.

Lors de la COP26, le Sénégal s'est engagé à appliquer la transition énergétique en signant la Déclaration sur la transition du charbon vers l'énergie propre, en assurant une transition juste de l'utilisation du charbon. Il s'est également engagé à réduire les subventions aux combustibles fossiles de façon drastique et à les supprimer d'ici 2025, tout en diversifiant ses sources d'énergie pour répondre à la demande croissante et réduire les coûts. Cet engagement est loin d'être respecté et ne saurait l'être dans le contexte actuel si l'on met en avant nos priorités.

Cependant, l'Afrique en général et le Sénégal en particulier ne doivent pas avoir la même conception de la définition de la notion de transition énergétique dans le contexte de développement des champs pétroliers et gaziers. En effet, si le pétrole n'est pas considéré comme une énergie propre, le gaz est considéré comme tel, depuis la crise énergétique européenne, et doit être au cœur de notre mix-énergétique afin de juguler les problèmes d'intermittence des énergies renouvelables. D'où tout l'intérêt de la stratégie « Gas to power » qui soutient notre nouvelle politique énergétique de même que la stratégie « Gas to industries » qui fera l'objet de développement plus tard.

2.3.1 Du développement du mix-énergétique

La forte dépendance énergétique du Sénégal vis-à-vis des importations de produits pétroliers n'est plus à démontrer. C'est pourquoi, réduire une telle dépendance est une haute priorité de l'État du Sénégal, bien traduit dans le PSE. La vision de l'État est de rendre l'énergie parfaitement disponible, et à moindre coût. La matérialisation de cette vision, comme rappelé ci-haut, requiert une indépendance et une sécurisation énergétiques qui passent nécessairement par la diversification des ressources énergétiques et la promotion des énergies renouvelables, en particulier l'énergie solaire. C'est ainsi que la première centrale solaire du Sénégal a été construite entre « *Dialawali* » et « *Ngamouchilé*»[109] terres symboles dans l'histoire du Walo[110] et du Sénégal.

Les atouts énergétiques du Sénégal sont énormes. Il dispose de plusieurs ressources naturelles d'énergie comme le vent, la biomasse et le solaire, qui sont des opportunités réelles qui doivent être saisies essentiellement par des entreprises sénégalaises à travers des IPP aux fins de capter cette manne financière qui échappe en partie à l'économie sénégalaise, en plus des découvertes récentes de gisements gazier et pétrolier.

Le secteur de l'énergie constitue un facteur de développement indispensable à l'économie nationale ; il contribue à la réduction de la pauvreté et des inégalités sociales. La stratégie d'émergence traduit l'ambition du Sénégal de garantir un accès large et fiable à une énergie bon marché grâce au développement des centrales solaires dans le pays.

---

[109] Nom d'anciens villages dans la commune de Bokhol, département de Dagana, Région de Saint-Louis-Sénégal.

[110] Ancien Royaume du Sénégal du XVIe siècle qui s'étendait sur une bonne partie du Nord couvrant le département de Dagana jusqu'à l'actuel département de Saint-Louis.

Le Sénégal a fait de la transition énergétique une réalité par une diversification des sources d'énergie en faisant une large place aux technologies les moins coûteuses dont le solaire photovoltaïque et l'éolien.

Les énergies renouvelables constituent un atout considérable qui présente de nombreux avantages liés à leur disponibilité et leur caractère écologique qui contribue à la protection de l'environnement. La mise en place de la centrale comporte peu de risques, assure la sécurité de l'approvisionnement énergétique, augmente la création de valeur sur place et crée des emplois.

La mise en place de projets de stockage de l'énergie solaire permettra de participer à la régulation des fréquences énergétiques et de faire de l'ilotage en permettant d'alimenter les localités environnantes en cas de blackout. D'où les nouveaux projets de Contrat d'Achat d'Électricité qui inclut le stockage dans le champ contractuel[111].

De plus, le Sénégal détient 75 MW d'hydroélectricité avec l'énergie verte provenant du barrage de Manantali.

Face à cette diversification des sources d'énergie, la transition énergétique est devenue une réalité avec la mise en service de huit centrales solaires à travers le pays et une centrale de 150 MW en éolien réparties en trois phases de 50MW.

Ainsi le Sénégal a un mix-énergétique varié mais pas économique du fait de l'utilisation du Fioul lourd et du diesel qui demeurent principalement les sources primaires pour la production d'électricité. Cependant l'arrivée du gaz va soulager la dépendance énergétique et rendre plus économique le mix-énergétique dans le cadre de la stratégie Gas to power

2.3.2 De la stratégie Gas to Power

Pour corroborer notre politique de transition énergétique, le Sénégal a adopté la « Stratégie Gas to Power » pour améliorer notre politique de sécurité énergétique. Cette stratégie se traduit d'abord par la définition

[111] Centrale Walo Storage avec Synergie et la centrale de Kahone avec le promoteur *Energy Resources.*

et la mise en place d'un cadre légal et institutionnel adapté permettant la création et le fonctionnement d'un marché local du gaz naturel.

Le développement du secteur du gaz est particulièrement difficile en raison de la nécessité d'investir dans la chaîne complète. C'est pourquoi plusieurs décrets sont pris pour d'une part fixer les conditions et modalités d'exercices des activités intermédiaires et aval du secteur gazier, d'autre part pour fixer les conditions de raccordement au système gazier et les conditions d'accès des tiers aux infrastructures de transformation, de transport, de distribution et de stockage du gaz[112] ;

Pour une bonne mise en œuvre de la stratégie il faut au préalable s'assurer :

- D'une bonne planification, la mise en ligne des infrastructures d'approvisionnement en gaz, des infrastructures de transport de gaz.
- De la conversion des centrales thermiques en dual-fuel et orienter le choix des futures centrales vers le gaz comme Énergie primaire.
- De donner la priorité à l'approvisionnement en gaz de toute nouvelle centrale électrique.
- De réserver la phase 1 du projet gaz de *Yakaar/Teranga* un usage domestique uniquement pour permettre de gagner du temps.
- D'identifier des besoins en infrastructures de réception et de transport de gaz naturel (Concevoir des infrastructures gazières modernes et optimisées).
- De définir un cadre légal et institutionnel adapté (Identifier et mettre en œuvre l'ensemble des réformes nécessaires à la création et au fonctionnement d'un marché local du gaz naturel)
- D'introduire de manière significative le gaz naturel dans le mix énergétique sénégalais à court et moyen terme.

La stratégie Gas to power consiste donc à utiliser les ressources gazières du Sénégal comme source principale de la production électrique des principales centrales aux fins de réduire non seulement de façon significative la dépendance pétrolière en diversifiant les

[112] Décret n°2023-849 du 7 avril 2023 et décret n°2023-850 du 7 avril 2023.

sources d'énergie, mais aussi l'empreinte carbone du sous-secteur de l'électricité. Ce qui aura pour conséquence majeure la mise en place d'une bonne politique de sécurisation énergétique qui participe ainsi à l'accès universel à l'électricité.

2.4 DE LA POLITIQUE DU CONTENU LOCAL DANS LE SECTEUR DES HYDROCARBURES

Depuis les récentes découvertes de pétrole et de gaz au Sénégal en 2014 rendant ainsi la zone plus attractive, le Sénégal s'est doté d'un nouveau cadre législatif et réglementaire du sous-secteur des hydrocarbures pour mieux encadrer les ressources pétrolières et gazières qui appartiennent au peuple[113] et doivent, comme le prévoit la Constitution, être exploitées à son profit. C'est ainsi qu'à côté des nouvelles lois portant notamment Code pétrolier (Loi n° 2019-03 du 1er février 2019) et Code gazier (Loi n° 2020-06 du 7 février 2020), le législateur a adopté la loi sur le contenu local dans le secteur des hydrocarbures (loi n° 2019-04 du 1er février 2019), loi d'orientation sur la gestion et la gouvernance des activités pétrolières au profit des populations locales.

L'opérationnalisation de cette loi nécessite la mise en place d'une politique de contenu local visant à élaborer une stratégie efficace permettant de renforcer la participation du secteur privé national sur toute la chaîne de valeur pétrolière et gazière aux fins d'accroître la valeur ajoutée dans l'économie nationale et de créer des emplois locaux favorisant le développement d'une main-d'œuvre locale qualifiée et compétitive.

2.4.1 Définition du contenu local

Avant de préciser le champ d'application de ce nouveau cadre légal, faudrait-il au préalable définir la notion de Contenu local. Plusieurs définitions peuvent être données mais retenons, entre autres, la définition de l'Association des Pays Producteurs en Afrique qui précise qu'il s'agit « de la portion de l'ensemble des dépenses engagées dans les opérations pour assurer la formation des ressources humaines locales et leur emploi

[113] Article 25.1 de la Constitution du Sénégal.

à différents niveaux de la chaîne pétrolière et gazière, l'approvisionnement en biens et services à travers les entreprises locales sous-traitantes, la réalisation de projets sociaux (santé, éducation, approvisionnement en eau potable et en électricité, création des pistes rurales, etc.) et la création d'industries de valorisation des hydrocarbures ». La Banque Mondiale, quant à elle retient celle-ci : « la mesure dans laquelle l'industrie extractive génère d'autres avantages pour l'économie au-delà de la contribution directe de sa valeur ajoutée, grâce à ses liens avec d'autres secteurs ».

Le législateur sénégalais, quant à lui, dispose que « Le contenu local dans le secteur des hydrocarbures renvoie à l'ensemble des initiatives prises en vue de promouvoir l'utilisation des biens et des services nationaux ainsi que le développement de la participation de la main-d'œuvre, de la technologie et du capital national dans toute la chaîne de valeur de l'industrie pétrolière et gazière. »[114] Au demeurant, toutes les définitions renvoient à la somme des retombées directes comme indirectes qui resteront de manière durable dans le pays, quand toutes les ressources auront tari et les opérations pris fin.

Pour y parvenir l'État du Sénégal a mis en place un cadre juridique bien avant le début de la production prévue en 2024 contrairement au Nigéria qui a commencé à exploiter le pétrole en 1958 et a élaboré sa loi sur le contenu local qu'en 2011 et le Congo-Brazzaville qui a commencé l'exploitation en 1960 et a adopté sa loi sur le contenu local principalement accès à la sous-traitance en 2016.

Par ailleurs, la législateur a prévu un champ d'application très vaste qui touche toutes les activités amont comme aval, sur le territoire de la République du Sénégal, directement ou indirectement, liées à la prospection, l'exploration, le développement et l'exploitation des hydrocarbures, au transport et au stockage des hydrocarbures et à la transformation et à la valorisation des hydrocarbures ainsi qu'à la distribution des produits pétroliers et gaziers.

---

[114] Article 1er de la loi sur le contenu local dans le secteur des hydrocarbures.

2.4.2 Objectifs de la loi sur le contenu local

L'article 3 de cette loi rappelle qu'elle « a pour objectif de promouvoir et de développer le contenu local, c'est-à-dire : a) d'augmenter la valeur ajoutée locale et la création d'emplois locaux dans la chaîne de valeur des industries pétrolières et gazières grâce à l'utilisation de l'expertise ainsi que des biens et services locaux ; b) de favoriser le développement d'une main-d'œuvre locale qualifiée et compétitive ; c) de développer les capacités nationales dans la chaîne de valeur de l'industrie pétrolière et gazière par l'éducation, la formation, le transfert de technologie et de savoir-faire et la recherche-développement ; d) de favoriser le renforcement de la compétitivité nationale et internationale des entreprises sénégalaises ; e) de mettre en place un mécanisme de suivi-évaluation, transparent et fiable des obligations liées au contenu local, en adéquation avec les politiques publiques nationales ; f) de renforcer la participation des populations à la chaîne de valeur des industries pétrolières et gazières.

C'est pourquoi, depuis 2019, la politique de contenu local dans le secteur des hydrocarbures constitue un instrument de notre politique énergétique qui doit être inscrit au cœur de notre lettre de politique sectorielle du secteur de l'énergie. En effet, l'exploration, le développement, l'exploitation, la valorisation et la distribution des ressources pétrolières et gazières découvertes depuis 2014 nécessitent des investissements lourds ainsi que de nombreux équipements et technologies qui, sans un encadrement juridique spécifique, seraient majoritairement importés ou exécutés par des prestataires étrangers.

De même, l'utilisation de la main-d'œuvre locale et la participation des entreprises nationales aux activités pétrolières et gazières ne peuvent être optimales que si les défis liés à la faiblesse des capacités techniques, technologiques et économiques des entreprises locales sénégalaises et ceux liés à la qualification professionnelle de la main-d'œuvre sont relevés.

Le Code pétrolier de 1998 ainsi que les Contrats de Recherche et de Partage de Production prenaient déjà en compte les principes de contenu local. L'article 58 du Code pétrolier de la loi 2019-03 du 1er février 2019 posait déjà les prémisses d'une politique de contenu local en prévoyant de :

a) Donner la possibilité aux investisseurs privés nationaux, disposant de capacités techniques et financières, de participer aux risques et aux opérations pétrolières ;

b) Accorder la préférence aux entreprises sénégalaises pour tous les contrats de construction, d'approvisionnement ou de prestation de services, à conditions équivalentes en termes de qualité, quantité, prix, délais de livraison et de paiement ;

c) Employer, à qualification égale, en priorité, du personnel sénégalais pour la réalisation des opérations pétrolières sur le territoire de la République du Sénégal ;

d) Contribuer au maximum au transfert technologique en direction des entreprises sénégalaises avec des relations d'accompagnement.

2.4.3 Du cadre légal du contenu local

L'élaboration d'un cadre légal et institutionnel permet de promouvoir l'utilisation des biens et des services nationaux ainsi que le développement de la participation de la main-d'œuvre, des technologies et des capitaux locaux dans toute la chaine de valeur de l'industrie pétrolière et gazière dans le respect des principes directeurs relatifs au respect des normes et standards internationaux de l'industrie pétrolière et gazière, à la non-discrimination, la transparence et le réalisme dans la mise à œuvre des obligations liées au contenu local.

Dès 2020, en sus des lois, plusieurs décrets d'application ont été adoptés pour faire de cette politique de contenu local une réalité au Sénégal :

- Loi n° 2019-03 du 1er février 2019 portant Code pétrolier ;
- Loi n° 2020-06 du 7 février 2020 portant Code gazier ;
- Loi n° 2019-04 du 1er février 2019 portant loi sur le contenu local dans le secteur des hydrocarbures ;
- Loi n° 2022-09 du 19 avril 2022 relative à la répartition et à l'encadrement de la gestion des recettes issues de l'exploitation des hydrocarbures ;
- Décret 2020-2061 du 27 octobre 2020 fixant les modalités d'application du Code pétrolier du 01er février 2019 ;

- Décret n° 2020-2047 du 21 octobre 2020 portant organisation et fonctionnement du Comité national de suivi du Contenu local dans le secteur des hydrocarbures
- Décret 2020-2065 du 28 octobre 2020 fixant les modalités de participation des investisseurs sénégalais dans les entreprises sénégalaises intervenant dans les activités pétrolières et gazières et classement des activités de l'amont pétrolier et gazier dans les régimes exclusif, mixte et non exclusif ;
- Décret n° 2021-248 du 22 février 2021 fixant les modalités d'alimentation et de fonctionnement du Fonds d'Appui au Développement du Contenu local dans le secteur des hydrocarbures
- Décret 2021-249 du 22 février 2021 modifiant le Décret 2020-2065 du 28 octobre 2020 fixant les modalités de participation des investisseurs sénégalais dans les entreprises sénégalaises intervenant dans les activités pétrolières et gazières et classement des activités de l'amont pétrolier et gazier dans les régimes exclusif, mixte et non exclusif ;
- Décret 2020-791 du 19 mars 2020 relatif au registre des bénéficiaires effectifs ;
- Décret n° 2023-990 du 04 mai 2023 portant organisation et fonctionnement du Comité national de suivi du Contenu local dans le secteur des hydrocarbures et des Mines ;
- Décret n° 2023-991 du 04 mai 2023 fixant les modalités d'alimentation et de fonctionnement du Fonds d'Appui au Développement du Contenu local dans les secteurs des hydrocarbures et des mines (FADCL).

En 2023, suite à l'adoption dans le secteur minier d'une nouvelle loi sur le contenu local (Loi n°2022-17 relative au Contenu local dans le secteur minier), le décret n° 2020-2047 du 21 octobre 2020 et le décret n°2021-248 du 22 février 2021 précités furent abrogés et remplacés respectivement le 4 mai 2023 par le décret n° 2023-990 portant organisation et fonctionnement du Comité national de suivi du Contenu local dans le secteur des hydrocarbures et des Mines et le décret n° 2023-991 fixant les modalités d'alimentation et de fonctionnement du Fonds d'appui au développement du Contenu Local dans les secteurs des hydrocarbures et des mines (FADCL). Ces modifications ont étendu le contenu local dans le secteur minier mais, si elles n'ont pas bouleversé les textes précédents dans le secteur des hydrocarbures, elles ont créé un imbroglio juridique qui peut rendre la mise en œuvre institutionnelle difficile.

Par ailleurs, le CNSCL a adopté des lignes directrices pour mettre en œuvre la politique de contenu local :

- Lignes directrices portant sur l'organisation et le fonctionnement de la plateforme ;
- Lignes directrices portant sur les modalités de participation des entreprises locales dans le régime mixte ;
- Lignes directrices portant sur le canevas du plan de contenu local ;
- Lignes directrices rapport d'exécution du plan de contenu local ;
- Lignes directrices portant sur le canevas du rapport d'exécution du plan de contenu local.

2.4.4 De la mise en place d'un cadre institutionnel : centre névralgique de mise en œuvre de la politique contenu local

La loi n°2019-04 du 1er février 2019 créé le Comité national de Suivi du Contenu local chargé de coordonner et de veiller à la bonne application de la stratégie de contenu local qui définit les modalités d'exécution des grandes orientations de l'État en matière de politique de contenu local.

Il est composé d'un organe de pilotage (CNSCL) composé de vingt membres présidés par le Secrétaire permanent du COS-PETROGAZ et d'un organe opérationnel composé de deux secrétariats : Un Secrétariat technique dans le secteur des hydrocarbures sous la tutelle du Ministère en charge des hydrocarbures dirigé par un Secrétaire technique et un Secrétariat technique dans le secteur des mines sous la tutelle du Ministère en charge des mines dirigé par un Secrétaire technique.

2.4.4.1 La création d'un organe de pilotage : le CNSCL

Le Comité national de Suivi du Contenu local (CNSCL) s'assure du respect de l'intégralité des mesures auxquelles sont assujetties les entreprises, intervenant directement ou indirectement dans le secteur des hydrocarbures.

Le CNSCL est composé de vingt membres répartis comme suit : huit représentants de l'Administration publique, huit représentants du secteur privé national et des entreprises du secteur des hydrocarbures et des mines et quatre représentants des organisations de la société civile et des organisations syndicales.

Toutefois, lorsque l'ordre du jour de la réunion porte sur le secteur des hydrocarbures, seuls les quinze membres du comité de pilotage sont convoqués à l'exception des membres de l'administration des mines et des représentants des compagnies minières[115] ;

Le CNSCL a pour missions, entre autres, de :

- Approuver le document de stratégie de contenu local soumis par le Secrétariat technique ;
- Superviser et veiller à la bonne mise en œuvre de la stratégie de développement du contenu local ;
- Faire des recommandations au Gouvernement dans la formulation des politiques de stratégie de contenu local ;
- Evaluer les plans de contenu local soumis par les contractants, sous-traitants, prestataires de service, et émettre un avis relatif à leur conformité aux objectifs du contenu local ;
- Commanditer des audits approfondis des capacités locales afin d'évaluer le niveau de fourniture de biens, de services et de main-d'œuvre possible localement ;
- Approuver les indicateurs de performance du contenu local au niveau national ;
- Approuver les décisions d'amélioration nécessaires pour l'efficacité des mesures du contenu local ;
- Approuver le recours à des employés étrangers sous réserve de l'approbation du Ministre chargé du travail et du Ministre chargé des hydrocarbures ;

[115] Voir pour les convocations sectorielles et celles portant sur les deux secteurs, art. 7 et suivants du décret 2023-990 précité.

- Fixer les exigences requises dans l'obligation de formation du personnel sénégalais ;
- Adopter les propositions de révisions périodiques de la classification des entreprises par régime ;
- Approuver le plan de succession soumis par tout contractant, fournisseur, sous-traitant et prestataire de service ;
- Approuver la révision du taux de participation des entreprises sénégalaises au capital des sociétés intervenant dans le régime mixte ;
- Adopter, selon le niveau de maturité du secteur et des capacités locales, les propositions de révision des exigences minimales en matière de contenu local.
- Exécuter toutes missions confiées par les autorités entrant dans le cadre du contenu local.

2.4.4.2 Du Secrétariat technique : bras opérationnel du CNSCL

Le CNSCL, à travers son Secrétariat technique, devra s'évertuer à atteindre les objectifs de Contenu Local, voire atteindre 50 % de Contenu local à l'Horizon 2030.

Pour cela il devra :

- Utiliser tous les leviers pour une meilleure qualification de nos entreprises locales :
- Appliquer les règles liées au Contenu local dans la transparence et au mieux des intérêts des entreprises sénégalaises ;
- Permettre aux Travailleurs et entreprises sénégalaises de saisir les opportunités offertes par la loi en se mettant aux normes avec l'appui de l'État.

Pour une bonne mise en œuvre de la politique de contenu local le législateur a classé les activités pétrolières et gazières en trois régimes pour favoriser d'une part la participation des entreprises locales dans la chaine de valeur et d'autre part pour faciliter **les fonctions de contrôle *a priori* et *a posteriori***, telles que décrites aux articles 23, 24 et 25 du décret portant organisation et fonctionnement du CNSCL.

Pour favoriser la participation des entreprises locales, le décret n° 2020-2065 du 28 octobre 2020 fixe les modalités de participation des investisseurs sénégalais dans les entreprises sénégalaises intervenant dans les activités pétrolières et gazières et classe ces activités de l'amont pétrolier et gazier dans les régimes exclusif, mixte et non exclusif (décret 2021-249 du 22 février précité) :

- Le régime exclusif concerne toutes activités de fourniture de biens et services que le secteur privé national est en mesure de réaliser immédiatement dans le respect des normes de standards de l'industrie pétrolière ; toutes les activités classées dans ce régime sont réservées strictement aux entreprises locales au sens de la loi sur le contenu local et aucune entreprise ne répondant à la définition d'entreprise locale ne pourrait participer à l'appel d'offres ni à l'avis à manifestation d'intérêt du donneur d'ordres.

- Le régime mixte est relatif aux activités liées directement ou indirectement aux opérations pétrolières et gazières exigeant un niveau important dc maturitć technologique et d'expertise spécialisé, que le secteur privé national pourrait réaliser immédiatement en partenariat avec une entreprise étrangère ; Lorsqu'une société étrangère souhaite intervenir dans les activités relevant du régime mixte, elle constitue une société de droit sénégalais et fait participer dans le capital de la société ainsi créée une entreprise locale au sens de l'article 4 du décret 2020-2065 du 28 octobre 2020 en respectant le seuil de 5% minimum ou le seuil défini dans le tableau de classification du décret 2021-249 précité. La majeur partie des activités pétrolières et gazières est classée dans le régime mixte. D'où tout l'intérêt du développement des joint-ventures entre les entreprises étrangères détentrices de la technologie et de l'expérience et les entreprises locales sénégalaises qui doivent apprendre et développer de nouvelles perspectives aux fins de profiter d'un bon plan de transfert de technologie. Conformément à l'article 5 du décret n°2020-2065 précité, la co-entreprise envisagée est une association qui peut prendre soit la forme d'une joint-venture au sens classique soit la forme d'une convention de groupement d'entreprises (voir ligne directrice CNSCL sur la participation des entreprises locales dans le régime mixte) entre une entreprise étrangère et une ou plusieurs entreprises locales, en vue de mettre en place un cadre qui leur permet de développer et d'exécuter en commun un marché dans le cadre d'activités pétrolières et gazières relevant du régime mixte. Chaque donneur d'ordre est tenu de mentionner dans son dossier d'appel d'offres l'obligation d'être en association avec une entreprise locale pour ce type de marché entrant dans le régime mixte.

- Le régime non exclusif porte sur les activités liées directement ou indirectement aux opérations pétrolières et gazières que le secteur privé national n'est pas en mesure de réaliser immédiatement dans le respect des normes de standards de l'industrie pétrolière. Dans ce cas, toutes les sociétés intéressées peuvent y participer librement.

À côté des trois régimes il y a l'autorisation d'exclusivité concernant les activités pour lesquelles l'État du Sénégal, dans le but de réduire la quantité des biens et services importés, se réserve le droit d'octroyer par décret des autorisations de services exclusifs, sous réserve d'une garantie de qualité du service et d'un encadrement des prix. Cette autorisation doit être encadrée pour éviter des abus dans l'octroi de celle-ci qui doit être bien justifiée aux fins d'éviter des favoritismes envers une ou plusieurs entreprises locales au détriment des acteurs potentiels dans le secteur. De plus, elle ne peut être octroyée qu'à des entreprises locales au sens du décret. Dans ce cas, je préconise même que le seuil de participation détenue par les personnes de nationalité sénégalaise dans le capital social soit revu à la hausse si l'on veut créer de vrais champions nationaux.

Heureusement, l'article 7 du décret n°2020-2065 alinéa 2 rappelle que l'exploitation économique exclusive d'une activité ou d'un service est conférée par décret avis préalable du CNSCL.

À date, la seule autorisation d'exploitation économique exclusive a été octroyée à Teranga Naval Services (TNS) société dans laquelle Petrosen Holding SA participe dans le capital à hauteur de 49% pour les services sécurisation des champs pétroliers, gaziers, des installations et sites adjacents.

En tout état de cause, cette exception doit être bien encadrée si l'on veut s'écarter de notre objectif principal qui n'est pas d'enrichir une certaine catégorie de personne au détriment du secteur privé.

À chaque fois que de besoin ou tous les cinq ans, le ST-CNSCL peut proposer la révision périodique de la classification des activités par régime en fonction du résultat découlant de l'audit de capacité des entreprises locales qu'il entreprend pour mieux accompagner les différents acteurs intervenant dans l'industrie pétro-gazière.

En outre, le bras opérationnel du CNSCL est chargé de plusieurs missions conformément à l'article 13 du décret 2023-990 précité pour mettre en œuvre la politique de contenu local du Sénégal.

Le ST-CNSCL est chargé de mettre en œuvre la stratégie de développement de la politique de contenu local dans le secteur des hydrocarbures.

En assurant ses fonctions de contrôle *a priori* et *a posteriori*, il est chargé de recevoir et traiter les plans de contenu local des entreprises donneurs d'ordre, des opérateurs titulaires de titre minier ainsi que les sous-traitants, prestataires de services et fournisseurs de bien de rang 1 et 2 au plus tard le 30 juin de chaque année. Ces derniers fournissent au ST-CNSCL leur plan de contenu local indiquant le plan de passation des marchés pour l'année N plus un avec un indicateur de contenu portant sur chaque marché et le résumé des normes et standards applicables à chaque marché pour permettre aux entreprises locales et autres entreprises intervenant dans les activités de participer activement aux opérations pétrolières et surtout de se préparer pour remplir toutes les exigences requises dans chaque marché.

Le ST-CNSCL est chargé de publier ce plan de passation de marché dans sa plateforme de mise en relation et d'exiger aussi de ces acteurs la publication d'un plan de succession concernant les postes occupés par des étrangers conformément au canevas de plan de contenu local développé dans une des lignes directrices du CNSCL. De plus, il exige des acteurs la production d'un rapport d'exécution du plan de contenu local permettant ainsi au ST-CNSCL d'exercer son contrôle a *posteriori*[116] sur les réalisations de l'année précédente des donneurs d'ordre dans le secteur.

Il peut proposer la révision de taux de participation des entreprises sénégalaises au capital des sociétés intervenant dans le régime mixte qui est de 5 % minimum si un autre taux n'est pas précisé dans le tableau de classification des activités.

Le ST-CNSCL reçoit et traite les recours des sociétés relatifs aux décisions du CNSCL et s'assure de l'application des sanctions prévues par la loi en cas de non-respect des obligations liées aux exigences de contenu local.

Le Secrétaire technique est chargé de toutes missions relatives à la mise en œuvre de la politique de promotion du contenu local et c'est dans ce sens qu'il est administrateur du Fonds d'appui au développement du contenu local (FADCL) aux fins d'avoir un levier majeur qui va assurer l'accompagnement, la capacitation et la favorisation de la participation du secteur privé national dans la chaine de valeur pétrolière.

2.4.4.3 Du Fonds d'Appui au Développement du Contenu local (FADCL)

Le fonds permet de soutenir durablement le renforcement des capacités techniques et financières des entreprises locales en vue d'assurer leur mise à niveau pour répondre aux normes internationales exigées en la matière. En effet, il permet aux entreprises locales de faire

[116] Article 27 du décret 2023-990 précité.

face à une forte concurrence dans les activités pétrolières et gazières en vue d'atteindre l'objectif de 50 % de Contenu local en 2030, fixé par l'État du Sénégal.

En application de l'article 13 de la loi n° 2019-04 du 1er février 2019 relative au contenu local dans le secteur des hydrocarbures, les modalités d'alimentation et de fonctionnement du Fonds d'Appui au Développement du Contenu Local (FADCL) sont fixées par décret (le décret n°2023-991 du 4 février 2023 précité) en vue d'assurer la prise en charge de la mise en œuvre de la politique de Contenu local.

Le FADCL, doté de la personnalité juridique et de l'autonomie financière, est administré par le Secrétaire technique des hydrocarbures placé sous la tutelle financière du ministère en charge des Finances et sous la tutelle technique des ministères en charge des Hydrocarbures et en charge des Mines.

Ce fonds a pour but de :

- Soutenir durablement le renforcement des capacités techniques et financières des entreprises locales ;
- Assurer la mise à niveau des entreprises locales afin de répondre aux normes internationales exigées en la matière ;
- Permettre aux entreprises locales de faire face à une forte concurrence dans les activités pétrolières et gazières en vue d'atteindre l'objectif de 50 % de Contenu local en 2030.

Le FADCL a pour principal objectif d'appuyer la mise en œuvre de la politique de contenu local dans le secteur des hydrocarbures afin de :

- Contribuer à la mise à disposition de personnels qualifiés ;
- Contribuer à la capacitation des acteurs en charge du suivi de la mise en œuvre de la politique de contenu local ;
- Soutenir la formation des acteurs du secteur des hydrocarbures ;
- Définir, en relation avec les organismes étatiques de financement ainsi que toutes autres institutions financières, des outils sur mesure pour les entrepreneurs évoluant dans le secteur pétrolier et gazier ;
- Soutenir les actions de promotion du contenu local ;

- Soutenir la communication relative à la politique de contenu local ;
- Concourir au financement des acteurs.

RESSOURCES DU FADCL

Les ressources du Fonds d'Appui au Développement du Contenu local proviennent de 5 sources :

- d'une dotation budgétaire de l'État destinée à la mise en œuvre de la politique de contenu local ;
- des Revenus générés par la plateforme électronique de mise en relation ;
- d'une taxe parafiscale instituée par décret ;
- des amendes résultant de sanctions pour non-conformités aux exigences de Contenu local ;
- des dons et legs.

DÉPENSES ADMISSIBLES

Le décret n° 2023-991 du 04 février 2023 fixant les modalités d'alimentation et de fonctionnement du FADCL prévoit de façon explicite les dépenses autorisées sur les ressources du FADCL :

- Les audits approfondis des capacités locales afin d'évaluer le niveau de fourniture de biens, de services et de main-d'œuvre possibles localement ;
- La coordination et le financement de plans d'action développés en partenariat avec les organismes institutionnels de soutien à l'entreprise et visant à renforcer progressivement la capacité des entreprises locales de manière à leur permettre de faire face à la concurrence sur les plans de la qualité, du prix, de la fiabilité, de la quantité et de la fourniture des biens et services requis par l'industrie pétrolière ;
- Les dépenses de fonctionnement du ST-CNSCL ;
- Le renforcement de capacité des entreprises pour le financement de l'acquisition de certification pour la mise à niveau ;
- Les dépenses de promotion de contenu local ;

- La révision périodique du tableau de classification des activités par régime ;
- Toute autre dépense relative à la mise en œuvre de la politique de contenu local.

ÉLIGIBILITÉ AU FADCL

Dans le secteur des hydrocarbures, sont éligibles au FADCL :

- Toute personne physique de nationalité sénégalaise exerçant une activité dans le secteur pétrolier et gazier ;
- Toute entreprise de droit sénégalais répondant à la définition d'entreprise locale telle que définie dans le décret relatif à la participation des investisseurs sénégalais et évoluant dans le secteur pétrolier et gazier ;

L'article 4 du décret n°2020-2065 du 28 octobre 2020 précité définit la notion d'entreprise locale à la réunion de 4 conditions cumulatives : d'abord, elle est une entreprise de droit sénégalais dont le capital social est détenu à hauteur de 51 % minimum par des personnes physiques de nationalité sénégalaise ou par des personnes morales contrôlées par des personnes physiques de nationalité sénégalaise ensuite, la direction de la société est assurée à plus de 80 % des personnes physiques de nationalité sénégalaise et enfin le personnel est à hauteur de 51 % minimum personnes physiques de nationalité sénégalaise.

Par ailleurs, les statuts et critères d'éligibilité du Fonds sont fixés par arrêté du ministre en charge des hydrocarbures.

2.4.5 Des exigences de contenu local

Le contenu local est un enjeu stratégique crucial pour notre pays. En effet, il représente une opportunité unique de maximiser les retombées économiques et sociales des activités liées aux hydrocarbures, en favorisant le transfert de technologie, l'emploi local, le développement des compétences nationales et la croissance des entreprises locales. Pour en faire une réalité, il faut appliquer dans toute sa rigueur l'ensemble des exigences de contenu local qui sont souvent contournées par les opérateurs titulaires de titres miniers et leurs sous-traitants sous prétexte que la compétence est absente dans le territoire national.

Sont assujettis aux obligations de contenu local, tous les opérateurs titulaires de titre minier, les contractants, les sous-traitants, les prestataires et les fournisseurs directement ou indirectement impliqués dans les activités pétrolières et gazières intervenant aussi bien dans l'amont que dans l'aval du sous-secteur.

Les obligations de contenu local sont nombreuses, complexes et diverses dont la violation entraîne des sanctions très lourdes de conséquences en cas de constatation de faits répréhensibles.

2.4.5.1 Des obligations de contenu local

Les acteurs intervenant dans la chaine de valeur pétro-gazières sont assujettis à plusieurs obligations parmi lesquelles on peut citer :

1. Obligation de soumettre un Plan de Contenu local

Tout contractant, fournisseur, sous-traitant et prestataire de services exerçant une activité pétrolière et gazière soumet un plan de contenu local au plus tard le 30 juin de chaque année au ST-CSCL. Ce plan contient un plan de passation des marchés, un plan de succession, un plan de formation pour le personnel sénégalais, un rapport d'activités de contenu local et un Indicateur de Contenu local. Cette obligation principale englobe d'autres obligations :

- Un plan qui décrit les activités de l'entreprise ainsi que les biens, services et compétences nécessaires à leur réalisation ;
- Un plan de passation des marchés avec l'indicateur de contenu local attendu pour chaque marché ;
- Un plan de succession pour les postes occupés par des étrangers ;
- Un plan de formation du personnel sénégalais ;

Le Plan de Contenu local doit aussi contenir entre autres :

- Un rapport détaillant les réalisations de l'entreprise selon les axes précités au cours des douze (12) derniers mois ;

- Un descriptif des prévisions de l'entreprise selon les axes précités pour les douze (12) mois suivants ;
- Un rapport présentant et justifiant les efforts financiers et techniques consentis par l'entreprise pour diminuer graduellement le recours à du personnel, du capital, des biens, des services ou des prestations ne provenant pas du Sénégal.

2. Obligation de promouvoir l'utilisation des biens et services locaux

- **Le principe de la préférence nationale**

Les biens et services liés aux activités pétrolières et gazières sont en principe fournis par des entreprises sénégalaises conformément à l'article 8.1 de la loi sur le Contenu local dans le secteur de hydrocarbures. Toutefois, des entreprises étrangères peuvent fournir ces biens et services lorsqu'il n'existe pas d'entreprises sénégalaises à même de le faire, dans des conditions de coûts et de planning comparables et selon les standards internationaux applicables dans l'industrie pétrolière.

- **Priorité du personnel sénégalais dans les emplois**

Les contractants, sous-traitants, prestataires de service et fournisseurs emploient, en priorité, du personnel sénégalais lorsque celui-ci dispose des compétences requises. Les emplois non qualifiés sont proposés en priorité aux résidents des communautés locales ou de celles avoisinant les lieux où se déroulent les activités pétrolières et gazières.

Chaque contractant, sous-traitant, prestataire de service et fournisseur, précise dans son plan de contenu local, les mesures prises pour permettre à des ressortissants sénégalais d'acquérir les qualifications et l'expertise nécessaires pour remplacer graduellement les employés non-nationaux.

- **Le transfert de technologie et de compétence**

Le ST-CNSCL, organe chargé du suivi du Contenu local élabore, en lien avec les administrations compétentes, un plan stratégique de transfert de technologies, de compétences et de recherche-développement conformément à l'article 9 de la loi sur le contenu local.

Les entreprises assujetties à l'obligation de soumettre un plan de contenu local précisent dans ledit plan les mesures qu'elles envisagent de prendre pour contribuer à la réalisation des objectifs du plan stratégique évoqué à l'alinéa premier du présent article, notamment par la formation, le partenariat sous différentes formes, la facilitation de l'accès aux brevets et toute autre mesure susceptible de promouvoir le contenu local. Cette exigence est au cœur de la politique de contenu local du Sénégal qui impose des obligations contractuelles de transfert de technologie aux donneurs d'ordre dans le cadre de la mise en place des joint-ventures (JV) ou conventions de groupement d'entreprises découlant des activités relevant du régime mixte qui oblige les entreprises étrangères qui veulent travailler dans l'offshore sénégalais de s'associer avec une entreprise locale sénégalaise.

3. Obligation de créer une société de droit sénégalais

Tout investisseur, désirant intervenir comme sous-traitant, prestataire de services ou fournisseur, crée une entreprise de droit sénégalais immatriculée auprès du Registre du Commerce et du Crédit mobilier.

Ces entreprises doivent effectuer la déclaration relative aux bénéficiaires effectifs[117]conformément à l'article 2 du décret n°2020-2065 et au décret 2020-791 du 19 mars 2020 relatif au registre des bénéficiaires effectifs qui l'exige.

Le capital de cette entreprise est ouvert aux investisseurs sénégalais selon les modalités fixées par décret.

Toutefois, à titre exceptionnel lorsque l'activité relève du régime non exclusif et est de courte durée, c'est-à-dire moins de douze mois, les entreprises étrangères peuvent intervenir comme sous-traitants, prestataires de services ou fournisseurs sans constituer une société de droit sénégalais conformément à l'article 3 du décret 2020-2065.

4. Obligation de saisir le ST/CNSCL avant le lancement de chaque marché

Les marchés sélectionnés par le CNSCL suite à la production des plans de passation de marchés sont soumis à l'approbation du Secrétariat

[117] Décret 2020-791 du 19 mars 2020 relatif au registre des bénéficiaires effectifs.

technique du CNSCL via la plateforme électronique avant l'étape de lancement des appels d'offres.

Il est fait obligation aussi aux donneurs d'ordre de demander au ST-CNSCL l'autorisation préalable pour tout marché ne faisant pas l'objet d'une mise en concurrence par le biais de la plateforme conformément à l'article 25 du décret n° 2023-990.

5. Obligation de soumettre un Plan de Passation des Marchés (PPM)

Les entreprises soumettent chaque année au plus tard à la fin du premier semestre de l'année n-1, un plan de passation de marché (article 23 du décret n° 2023-990) publié dans la plateforme électronique de mise en relation.

Tout contractant, fournisseur, sous-traitant, prestataire de service publie tous les marchés entrant dans le cadre d'un ou de plusieurs projets pétroliers ou gaziers sur la plateforme électronique de mise en relation.

Toute exception à cette disposition fait l'objet d'une autorisation préalable délivrée par le Secrétariat technique du CNSCL, conformément à la procédure de contrôle *a priori* décrite aux articles 23 et suivants du décret n°2023-990 précité.

6. Obligation de respecter le principe de la mise en concurrence

Le principe demeure la mise en concurrence. En effet les appels à concurrence en vue de la fourniture des biens et services liés aux activités pétrolières et gazière sont lancés par le biais de la plateforme électronique du CNSCL.

Dans le cas où une entreprise décide de ne pas recourir à une procédure d'appel à concurrence, elle requiert dans ce cas une approbation du ST-CNSCL avant d'initier la procédure, à défaut elle commet un fait répréhensible pouvant entraîner une sanction.

7. Obligation de produire un plan de succession

Tout poste à pourvoir au niveau national fait l'objet de deux (2) appels d'offres exclusivement réservés aux nationaux conformément à l'article 7 de la loi sur le contenu local. Si les appels d'offres sont infructueux, le poste est alors ouvert au niveau international.

Tout contractant, sous-traitant, prestataire de service du fournisseur étranger titulaire d'un poste national pourvu par un appel d'offres international soumet un Plan de succession au CNSCL pour approbation.

Le Plan de succession définit la durée maximale durant laquelle le contractant, le sous-traitant, prestataire de services ou fournisseur est accompagné par des employés sénégalais qui bénéficient d'une formation pour acquérir le niveau de compétence requis aux fins de remplacer graduellement les employés non-nationaux.

Au-delà de la durée maximale, le poste est occupé par un sénégalais.

8. Obligation de respecter le tableau de classification des activités pétrolières et gazières

Les activités pétrolières et gazières sont classées en trois (03) régimes : exclusif, mixte et non exclusif conformément au tableau de classification des activités qui précise pour chaque activité les exigences minimales relatives à la composition du personnel et à l'actionnariat du capital social auxquelles sont assujettis les donneurs d'ordre dans le cadre d'un marché. Chaque donneur d'ordre doit respecter cette classification lors du lancement d'un appel d'offre qui doit mentionner le régime de l'activité et les types d'entreprises autorisées à compétir.

9. Obligation de s'associer avec une entreprise locale au sens du décret

Les entreprises étrangères qui souhaitent intervenir dans les activités qui relèvent du régime mixte doivent s'associer avec une entreprise locale sénégalaise. L'entreprise locale participe à l'association par le biais d'une joint-venture à hauteur de 5 % minimal dans le capital de la société créée si un autre taux n'est pas défini dans le tableau de classification produit en annexe ou d'une convention d'entreprise sans personnalité juridique dans laquelle le partenaire accorde 5% minimum des parts de marché à l'entreprise locale conformément à la ligne directrice portant sur la participation des entreprises locales dans le régime mixte.

La notion d'entreprise locale est définie par l'article 4 du décret n° 2020-2065 précité relative à la participation des investisseurs sénégalais intervenant dans les activités pétro-gazières.

L'enjeu du contenu local se trouve dans la mise en œuvre de cette exigence qui permettra aux entreprises locales sénégalaises d'être mise à niveau aux fins de remplacer progressivement les entreprises étrangères présentes.

10. Obligation d'utiliser la plateforme électronique de mise en relation

Lieu unique et obligatoire de publication de tous les appels d'offres et opportunités. La plateforme garantit une meilleure transparence dans l'acquisition des biens et services. Elle permet par ailleurs la mise en relation et le suivi de tous les acteurs et investisseurs enrôlés désirant intervenir comme donneurs d'ordres, sous-traitants, prestataires de services ou fournisseurs dans le secteur des hydrocarbures.

- Obligation d'adhésion pour les acteurs intervenant dans le secteur ; l'accès à la plateforme n'est pas gratuit. Les modalités d'accès sont précisées dans la ligne directrice du CNSCL relative à l'organisation et le fonctionnement de la plateforme de mise en relation disponible dans le site du CNSCL. Les droits d'adhésion varient selon qu'on est opérateur titulaire de titre minier, sous-traitants de rang 1 ou de rang 2, prestataires étrangers, entreprise locale ou personne physique.
- Obligations pour tout donneur d'ordre de publier tous les marchés via la plateforme.

11. Obligation de produire un ICL

Il est établi un indicateur de contenu local (ICL) qui représente le pourcentage de contenu local relatif à un contrat ou à un projet donné, c'est-à-dire la part de la valeur ajoutée captée par l'économie locale.

La Formule est la suivante : ICL= salaires locaux + biens fournis localement + services locaux/valeur totale du projet ou du contrat.

Autrement dit, dans le cadre d'un marché il faut prendre la valeur des parts du marché exécuté au Sénégal au profit des Sénégalais par le biais des biens fabriqués au Sénégal ou assemblés à plus de 50 % au Sénégal dans le cadre du marché à laquelle il faut rajouter les salaires payés aux personnes physiques de nationalité sénégalaise, le tout que l'on divise par la valeur totale du marché pour obtenir l'ICL de ce marché.

2.4.5.2 Sanctions en cas de violations d'obligations de contenu local

Le CNSCL s'assure du respect de l'intégralité des mesures auxquelles sont assujetties les acteurs qui interviennent directement ou indirectement dans la chaine de valeurs pétrolières et gazières.

Sont considérés comme faits répréhensibles à titre illustratif [118]:

- La soumission d'un plan de contenu local, d'un plan de passation des marchés, d'un rapport d'exécution ou tout autre document présentant des informations erronées ou reposant sur de fausses déclarations ;
- La représentation de manière frauduleuse par des personnes de nationalité sénégalaise, des intérêts étrangers dans le but de satisfaire les exigences de contenu local quant à la constitution d'une entreprise locale. Ce fait lutte contre les prête-noms et les « sleeping Partner » dans la constitution d'une entreprise locale ;
- La publication sur la plateforme électronique de mise en relation sans autorisation préalable du CNSCL d'un marché d'activité entrant dans le cadre d'un ou de plusieurs projets pétroliers ou gaziers par tout contractant fournisseur, sous-traitant, prestataire de service ;
- Toute violation des exigences de contenu local non justifiée ou ne faisant pas objet d'une autorisation préalable du CNSCL et ;
- Toute violation des exigences de classification ne faisant pas l'objet d'une autorisation préalable du CNSCL

Les acteurs sont obligés de respecter toutes les exigences de contenu local sous peine de sanctions.

Le non-respect des obligations liées au contenu local, expose aux sanctions suivantes[119] :

- L'application d'une peine d'amende pouvant aller d'un (1) million de dollars à vingt (20) millions de dollars US ;
- La non-récupération du coût des activités concernées ;

[118] Art. 40 du décret 2023-990.
[119] Art. 41 du décret 2023-990Rt.

- La résiliation de plein du contrat ;
- L'exclusion de la plateforme d'appel à la concurrence le cas échéant ;
- L'interdiction de conclure des marchés liés aux activités pétrolières et gazières.

Notons que l'amende est certes dissuasive mais ne répond pas au besoin pratique d'une bonne mise en œuvre des sanctions surtout lorsque la valeur du contrat est inférieure au montant de l'amende. D'où tout l'intérêt de modifier ces dispositions pour mieux appréhender l'efficacité de notre politique de contenu local.

2.4.6 Le contenu local à l'épreuve de la pratique

Créé par le Décret n° 2020-2047 du 21 octobre 2020[120], le Comité national de Suivi du Contenu local (CNSCL) est installé le 1er juillet 2021 suite à la nomination du Secrétaire technique en avril 2021. Depuis sa mise en place, le Secrétariat technique, bras opérationnel du CNSCL, ne cesse de jouer pleinement son rôle qui consiste à exécuter les orientations stratégiques de l'État et de veiller au respect de l'intégralité des mesures et exigences auxquelles sont assujetties les entreprises intervenant, directement ou indirectement, dans la chaine de valeur pétrolière et gazière.

Parmi les actions phares, le Secrétariat technique du Comité national de Suivi du contenu local (ST-CNSCL) dans le secteur des hydrocarbures a communiqué et partagé le cadre légal, réglementaire et institutionnel avec l'ensemble des acteurs aux fins de faciliter la compréhension des textes et d'intégrer les exigences dans l'approche stratégique et opérationnel des entreprises. C'est ainsi que plusieurs Webinaires, ateliers et séminaires furent organisés pour échanger avec les donneurs d'ordre, leurs sous-traitants et les entreprises locales non seulement sur les textes légaux et réglementaires mais aussi sur les

---

[120] Décret n°2020-2047 du 21 octobre 2020 portant organisation et fonctionnement du CNSCL dans le secteur des hydrocarbures abrogé par le décret n°2023-990 portant organisation et fonctionnement du CNSCL dans le secteur des hydrocarbures et des mines.

lignes directrices élaborées par le ST-CNSCL portant sur des exigences de contenu local que sont tenues de respecter les entreprises assujetties.

En effet, l'objectif principal de la loi 2019-04 du 01 février 2019 sur le Contenu local dans le secteur des hydrocarbures est de limiter les importations des biens et services en promouvant l'utilisation des biens et services nationaux ainsi que le développement de la participation de la main-d'œuvre locale, de la technologie et du capital nationaux sur l'intégralité de la chaine de valeur pétrolière et gazière (amont, intermédiaire et aval) en permettant une progression du niveau de maturation du tissu industriel local (cf. décret 2065 du 28 octobre 2020 sur les modalités de participation des investisseurs sénégalais).

Dans le cadre de sa mission, le ST-CNSCL a mis en place plusieurs leviers notamment :

– **La plateforme E-CNSCL** qui est le lieu unique et obligatoire de publication de toutes les opportunités de marchés du secteur pétrolier et gazier. C'est un outil de gestion qui dématérialise les procédures de passation des marchés et automatise toutes nos interactions avec l'ensemble des acteurs qui veulent intervenir dans la chaine de valeur pétrolière. L'objectif ici est de renforcer la transparence et l'accès à l'information dans le secteur pétrolier et gazier aux fins d'avoir une industrie plus efficace, compétitive et éthique.

– **Le guichet unique** qui regroupe actuellement près de 11 institutions privées et publiques évoluant dans l'accompagnement des entreprises, le financement, l'assurance, etc. Ce guichet unique a pour objectif de mutualiser les ressources et d'harmoniser nos actions pour le développement du contenu local.

– **L'Observatoire national du Contenu Local** dont l'objectif est de mettre à disposition des acteurs de statistiques sur le secteur des hydrocarbures, de quantifier la part du contenu local, de suivre en temps réel l'indicateur de contenu local et de collecter les données qui permettront de définir les meilleures stratégies de développement du contenu local.

– **Le contrôle *a priori* et *a posteriori*** effectué par le ST-CNSCL sur les marchés lancés par les donneurs et sur les rapports d'exécution de plan de contenu local ont permis aux entreprises locales détenues majoritairement par des Sénégalais de gagner des parts de marché important pouvant avoisiner plus de 400 milliards de francs CFA.

– **La mise en place du FADCL.** Il est créé un Fonds d'appui au développement du Contenu local (FADCL) pour le financement de la mise en œuvre de la promotion du contenu local, la capacitation des entreprises et le développement du contenu local de façon générale. Le ST-CNSCL est l'administrateur de ce fonds.

En outre, plusieurs lignes directrices ont été élaborées pour renforcer les leviers mis en place pour le développement du contenu local et avoir un meilleur suivi des activités des différentes parties prenantes. En effet, à titre d'exemple, le ST-CNSCL a déterminé les modalités d'association des entreprises étrangères avec les entreprises locales dans le régime mixte en insistant sur le transfert de technologie qui est primordial et instauré les mécanismes d'organisation et de fonctionnement de la plateforme à travers des lignes directrices adoptées par le CNSCL.

En termes de réalisations depuis le début des activités[121], suivant les rapports d'exécution des plans de contenu local plus de 4 500 emplois ont été créés et plus de 230 mille heures de formations ont été dispensées au profit des ressources humaines locales. Le nombre d'emplois locaux doit être relativisé étant entendu qu'il concerne tous les types d'emplois (temporaire, à durée déterminée et à durée indéterminée). Les entreprises locales ont pu gagner près de quatre cent cinquante (450) milliards de part de marché local. La mise en œuvre de la politique de contenu local par le ST-CNSCL a permis la création de champions nationaux tels que *Senegal Supply Base* (SSB) en matière de logistique portuaire, *Teranga Naval Services* (TNS) pour la fourniture de navires de patrouille pour la sécurisation des installations pétrolières et gazières, des entreprises locales comme *Gorée Offshore, « ORSEN »*, *Gainde Marine Offshore*, *Dakar Offshore*, *Teranga Oil and Gas,* SENTRAK Logistics SA, etc.

[121] Voir les rapports d'activités du CNSCL 2O21 et 2022.

En termes de Responsabilité Sociétale d'Entreprise (RSE), près de 2,5 milliards ont été investis par les entreprises pétrolières et gazières dans le cadre de programmes sociaux pour le bien-être de la population même si on note de façon claire que la RSE n'est pas du Contenu local au sens de la réglementation. Il faut clairement marquer cette distinction de façon stricte pour éviter que les entreprises étrangères s'agrippent sur cette notion de RSE au détriment de leurs obligations de transfert de technologie, de formation et d'association qui contribueront inéluctablement au développement du Contenu local.

Aussi, plusieurs programmes de capacitation et de formation au profit des entreprises locales et des institutionnels ont-ils été mis en œuvre notamment :

– Le Programme *TAGGAAT*[122] entièrement financé par le Fonds d'Appui au Développement du Contenu Local (FADCL) et qui a permis de mettre à niveau près de 120 entreprises et ressources humaines locales.

– Le programme « *DAMEL* »[123] mis en œuvre en collaboration avec l'Agence de Développement et d'Encadrement des Petites et Moyennes Entreprises (ADPEME) et qui a pour objectif d'accompagner 20 entreprises locales dans une démarche d'excellence opérationnelle pour un budget de 400 millions de FCFA pour une durée de quatre ans.

– Formation des membres du guichet unique en partenariat avec l'INPG en novembre 2022 sur les fondamentaux du pétrole et du gaz.

– Formation des administrateurs du FACDL et membres du CNSCL aux fondamentaux de l'*Oil and Gas* en partenariat avec l'Institut National du Pétrole et du Gaz (INPG).[124]

---

[122] Nom du Programme donné par le ST-CNSCL.

[123] Nom du programme donné par l'ADEPME.

[124] L'INPG est une école de formation spécialisée créée par l'État dont la vocation est de devenir un pôle d'excellence national et régional en matière de formation intervenant entre autres, dans la spécialisation des ingénieurs, la certification des techniciens et des opérateurs, la mise à niveau de l'administration dans le domaine pétrolier et gazier.

– Plusieurs Webinaires et ateliers portant sur le cadre légal, la plateforme.

En conclusion, malgré des moyens limités en termes financiers et humains, le ST-CNSCL a su créer un environnement propice au développement du contenu local dans le secteur des hydrocarbures.

Voir le décret n°2017-2305 du 27 décembre 2017 portant création et fixant les règles d'organisation et de fonctionnement de l'INPG abrogé et remplacé par le décret 2021-1576 du 1er décembre 2021 qui attribue à l'INPG le statut d'Établissement Public Industriel et Commercial (EPIC).

3 DU CADRE JURIDIQUE DU SECTEUR DE L'ÉNERGIE AU SÉNÉGAL

Le secteur des énergies englobe les sous-secteurs des énergies renouvelables, le gaz, le pétrole, le nucléaire, l'énergie hydrolienne, l'énergie marémotrice, l'électricité sous toutes ses formes, l'énergie calorifique et frigorifique, l'énergie chimique, la biomasse, l'hydro-électricité, avec chacun sa particularité et ses règles qui lui sont propres.

Toutefois, quel que soit le terme consacré, il apparait que la division du secteur en plusieurs sous-secteurs atteste de la pluralité des énergies au Sénégal et comme nous l'avions précisé en introduction, sommes-nous tentés de parler même des droits des énergies comme le droit du pétrole, le droit de l'électricité, le droit des énergies renouvelables, le droit gazier, le droit nucléaire, etc. C'est pourquoi l'étude du cadre juridique du secteur de l'énergie au Sénégal ne saurait être exhaustive mais consacrée à une présentation de l'essentiel des textes qui touchent chaque sous-secteur sans pour autant avoir la prétention d'en faire une étude approfondie, mais simplement de poser les bases juridiques qui permettront aux professionnels, investisseurs d'avoir les bases légales fondamentales qui gouvernent les domaines de compétences recherchés. Le droit de l'énergie au Sénégal est aujourd'hui un droit fragmenté régi non seulement par le droit commun qui interfère dans le régime juridique global notamment le droit du travail, le droit de l'environnement, le droit de la concurrence, mais aussi par plusieurs textes de lois particulières comme la loi portant Code pétrolier, la loi portant Code gazier, la loi portant Code de l'électricité, la loi sur le Contenu local dans le secteur des hydrocarbures, la loi portant organisation et fonctionnement de la CRSE, la loi portant Code de l'environnement, la loi portant Code des impôts, la loi portant Code des douanes, les lois communautaires de l'OHADA portant sur les sociétés commerciales et le droit commercial général, les conventions internationales, etc.

Malgré les réformes engagées pour mettre en place un nouveau cadre juridique dans le secteur, il convient de rappeler que le secteur énergétique a longtemps été régi par le droit non pas sous forme de Code regroupant l'ensemble des règles pouvant régir le secteur mais sous forme de textes épars parmi lesquels on peut distinguer les textes nationaux et les textes communautaires.

Parmi les textes nationaux on pouvait citer :

- La loi n° 65-59 du 19 juillet 1965 relative à la production ou au captage, au transport et à la distribution de l'eau et de l'énergie électrique ;
- La loi n° 98-29 du14 avril 1998 relative au sous-secteur de l'électricité ;
- La loi n° 98-31 du 14 avril 1998 relative aux activités d'importation, de raffinage, de stockage, de transport et de distribution des hydrocarbures ;
- La loi n° 98-05 du 8 janvier 1998 portant Code pétrolier ;
- La loi n° 2002-01 du 10 janvier 2002 abrogeant et remplaçant l'article 19, alinéas 4 et 5, et le chapitre IV de la loi n° 98-29 du 14 avril 1998 relative au secteur de l'électricité
- La loi n° 2010-22 du 15 décembre 2010 portant loi d'orientation de la filière des Biocarburants ;
- La loi n° 2010-21 du 20 décembre 2010 portant loi d'orientation sur les énergies renouvelables.

Plusieurs décrets d'application peuvent aussi être cités :

- Le décret n° 84-1128 du 4 octobre 1984 portant réglementation de la production, du transport et de la distribution de l'énergie électrique ;
- Le décret n° 98-333 du 21 avril 1998 portant organisation et fonctionnement de la CRSE ;

• Le décret n° 98-810 du 6 octobre 1998 fixant les modalités d'application du Code pétrolier de 1998 ;

• Le décret n° 98-334 du 24 avril 1998 Fixant les conditions et les modalités de délivrance et de retrait de licence ou de concession de production, de distribution et de vente d'énergie électrique ;

• Le décret n° 98-335 du 21 avril 1998 relatif aux principes et procédures de détermination et de révision des conditions tarifaires ;

• Le décret n° 98-336 du 21 avril 1998 relatif aux prises de participation entre entreprises du secteur de l'électricité ;

• Le décret n° 2011-2013 portant application de la loi d'orientation sur les énergies renouvelables et relatif aux conditions d'achat et de rémunération de l'électricité produite par des centrales à partir de sources d'énergie renouvelable ainsi que les conditions de leur raccordement au réseau en date du 21 décembre 2011.

Parmi les textes communautaires, il convient de mentionner :

• Le projet de Code réseau communautaire

• Acte additionnel a/sa du 2 janvier 2008 portant création de l'autorité régionale du secteur de l'électricité de la CEDEAO (ARREC)

• Directive n° 3/dir/1/06/13 sur l'organisation du marché régional de la CEDEAO (système d'échange d'énergie électrique de l'Afrique de l'Ouest) – du 21 juin 2013

Dans le cadre communautaire, cette directive de la CEDEAO, prévoit la mise en œuvre par les États membres des principes de libre accès, de clients éligibles et de séparation comptable des fonctions de production, de transport et de distribution de l'électricité.

Face à cette disparité des textes le législateur a entamé une vaste réforme dans le secteur afin d'asseoir un nouveau cadre législatif et réglementaire plus attrayant, attractif et harmonisé en adoptant de nouveaux dispositifs légaux et réglementaires portant sur le sous-secteur de l'électricité avec le Code de l'électricité, et la loi sur la CRSE, le sous-secteur des hydrocarbures relativement aux lois portant sur le Code pétrolier, le Code gazier, le contenu local, la répartition des recettes issues des ressources du pétrole et du gaz. Il faut noter cependant que certains textes demeurent toujours en vigueur. Il en est ainsi du Code pétrolier de 1998 précité pour les contrats signés sous l'empire de ce Code, de la Loi d'orientation sur les énergies renouvelables.

3.1 DES TEXTES LÉGISLATIFS ET RÈGLEMENTAIRES RÉGISSANT LE SOUS-SECTEUR DE L'ÉLECTRICITÉ : LOI N°2021-31 DU 9 JUILLET 2021 PORTANT CODE DE L'ÉLECTRICITÉ

Il convient de rappeler que ce vaste chantier de réforme du sous-secteur s'inscrit dans le cadre du second compact signé en décembre 2018 par le Gouvernement du Sénégal et le Millennium Challenge Corporation (MCC) qui ont convenu d'axer le deuxième Compact sur le coût élevé de l'énergie et le faible accès à l'électricité ayant été reconnus, entre autres, comme constituant des freins à la croissance économique.

L'adoption du nouveau cadre légal du sous-secteur de l'électricité avec l'avènement d'un Code de l'électricité et d'une nouvelle loi sur le Régulateur pour bâtir des règles et pratiques plus favorables à l'investissement privé vise à rendre le secteur plus attractif aux fins d'atteindre l'accès universel à l'horizon 2025 et de fournir en même temps une électricité abordable. Toutefois, des retards significatifs dans les projets et l'absence de mesures garantissant l'accès à une énergie suffisante malgré les efforts entrepris, rendent impossible l'atteinte de cet objectif.

Le nouveau Code de l'électricité constitue le référentiel unique dans le sous-secteur de l'électricité. Il a tenté de regrouper l'ensemble des textes législatifs et réglementaires révisés présentés ci-dessous relatifs au sous-secteur de l'électricité qui étaient contenus dans divers textes portant notamment sur la maîtrise de l'énergie, le recours aux énergies renouvelables. C'est ainsi que ce nouveau Code abroge la loi n° 98-29 du 14 avril 2998 relative au sous-secteur de l'électricité et les lois n° 98-334 du 24 avril 1998, n° 98-335 du 21 avril 1998, n° 98-336 du 21 avril 1998 et d'autres lois comme la loi n° 2002-01 du 10 janvier 2010, toutes précitées.

En plus du souci d'harmonisation des textes il a apporté beaucoup de nouveautés avec la participation accrue et de manière intégrée des parties prenantes au processus de planification du sous-secteur de l'électricité placé sous la direction du Ministre chargé de l'Énergie. Cette participation inclusive vise à assurer une meilleure planification des ressources dans le cadre d'un Plan intégré à moindre coût, véritable instrument de planification du secteur de l'électricité à moyen et long terme dans toutes ses dimensions : production, transport, distribution, électrification rurale, énergie renouvelable et efficacité énergétique.

Le plan, une fois validé par le ministre chargé de l'Énergie après avis consultatif du régulateur, constitue le cadre référentiel pour la réalisation des plans quinquennaux notamment de production, transport, distribution et d'électrification rurale et partant, pour les appels d'offres concernant les nouvelles capacités de production, de transport, de distribution-vente et les actions de maîtrise de l'énergie, ainsi que pour la régulation tarifaire. Un dispositif de suivi-évaluation de l'adéquation des plans d'investissements et des appels d'offres avec le Plan intégré à moindre coût est placé sous le contrôle du régulateur.

Le Code de l'électricité intègre dorénavant un dispositif en matière de maîtrise de l'énergie, mais aussi d'énergies renouvelables qui sont intégrées dans l'instrument de planification. Ces dispositifs déclinés par voie réglementaire, notamment s'agissant des énergies renouvelables, précisent les conditions techniques et commerciales cohérentes de priorisation d'accès aux réseaux, et d'évolution des conditions d'achat et de rémunération y compris du surplus d'énergie électrique d'origine renouvelable résultant de l'autoproduction.

Depuis 2002, le transfert à l'État de la propriété des infrastructures électriques n'a pas été suivi d'effet. En effet, la Senelec les comptabilisait comme sa propriété sans aucune base légale claire. Ce qui était à la base des réserves formulées sur ses états financiers par les Commissaires aux Comptes qui exigeaient la clarification du nouveau régime de propriété des ouvrages électriques. Le nouveau Code a ainsi réglé ce flou.

À l'égard du statut des ouvrages de production, il s'avère, après examen, que la solution la plus cohérente serait d'opérer un déclassement vers le domaine privé de l'État.

Concernant les ouvrages de transport et de distribution d'énergie électrique, le Code de l'électricité autorise la Senelec et tout opérateur titulaire de concession, à exploiter et à comptabiliser les ouvrages de transport et de distribution d'énergie électrique située dans son périmètre, comme sa propriété pendant la durée de la concession.

L'une des innovations du nouveau Code de l'électricité est la consécration de la fin du Monopole de la Senelec longtemps consacré par l'article 19 de la loi n° 98-29 du 14 avril 1998 relative au secteur de l'électricité qui disposait que : « La SENELEC est seule habilitée à exercer une activité d'achat en gros, de transport et de vente en gros d'énergie électrique sur toute l'étendue du territoire national, pour une période qui sera définie par un contrat de concession signé avec le ministre chargé de l'Énergie et dans le cahier des charges qui lui sera annexé, sous réserve des dispositions de l'article 24 ci-après. Pendant la période visée au présent alinéa, la SENELEC a la qualité d'acheteur unique ».

Dans un premier temps, ladite période a été définie pour une durée de dix ans à compter de la signature du cahier des charges du contrat de concession, soit du 31 mars 1999 au 31 mars 2009. Cette période a été étendue, par avenant, pour une durée équivalente, portant ainsi la fin du monopole au 31 mars 2019. Cette période devrait faire l'objet d'une ultime prolongation, reportant la fin de la période de monopole à novembre 2020 à l'issue de cette période, et selon les termes retenus dans le contrat de concession de la SENELEC.

Pour l'achat en gros, il est mis fin au régime de l'acheteur unique en permettant de manière graduée à un certain nombre de consommateurs et de détaillants de conclure directement des contrats d'achat auprès des producteurs indépendants selon des modalités clairement définies par le Code et les décrets d'applications ;

Pour la revente en gros, les détaillants titulaires d'une licence de vente disposent de la possibilité de conclure directement des contrats d'achat en gros d'électricité auprès des producteurs.

Ainsi, la SENELEC perd son statut d'acheteur unique et la possibilité est par conséquent offerte aux consommateurs éligibles de pouvoir acheter leur électricité directement auprès des producteurs (en gré à gré) conformément aux dispositions légales et réglementaires.

Par ailleurs, le Sénégal est membre du Système d'Échanges d'Énergie Électrique Ouest Africain (« EEEOA ») ou Western African. Power Pool (« WAPP »). À ce titre, le Sénégal s'est engagé à appliquer les Règles du Marché Régional pour le Système d'Échanges d'Énergie Électrique Ouest Africain. Ces règles posent l'obligation pour les États membres de mettre en place un Accès des Tiers au réseau (ATR), condition préalable au développement des échanges entre les différents pays du pool régional. Cet Accès des Tiers au réseau est bien pris en compte dans le nouveau Code.

La fin du monopole d'achat et de vente en gros de la SENELEC, et par là même, l'ouverture du marché de l'électricité à de nouveaux acteurs, va conduire à une réorganisation du secteur électrique, notamment en assignant de nouveaux droits et obligations à ces acteurs, qu'ils soient le gestionnaire du réseau de transport, clients éligibles, producteurs ou encore autorité de régulation sectorielle.

Le nouveau Code de l'électricité comprend quinze chapitres.

- Le chapitre premier porte sur les dispositions générales
- Le chapitre II traite des acteurs du secteur de l'électricité ;
- Le chapitre III concerne le plan intégré à moindre coût de développement du secteur de l'électricité ;
- Le chapitre IV traite des activités réglementées et leur régime juridique ;
- Le chapitre V est relatif au cadre procédural de préparation et d'attribution des titres d'exercice des activités réglementées ;
- Le chapitre VI traite des conventions et cahiers des charges ;

- Le chapitre VII traite du régime de propriété des ouvrages électriques, des servitudes et de l'expropriation ;
- Le chapitre VIII est relatif à l'électrification rurale décentralisée et systèmes électriques individuels ;
- Le chapitre IX est relatif aux énergies renouvelables ;
- Le chapitre X porte sur la régulation des tarifs ;
- Le chapitre XI concerne les redevances et le Fonds de soutien au secteur de l'Énergie ;
- Le chapitre XII traite des sanctions administratives et fiscales ;
- Le chapitre XIII concerne les sanctions administratives ;
- Le chapitre XIV porte sur les sanctions pénales ;
- Le chapitre XV est relatif aux dispositions transitoires et finales.

3.2 DU NOUVEAU CADRE REGULATOIRE DU SECTEUR DE L'ÉNERGIE : LOI N° 2021-30 DU 9 JUILLET 2021 PORTANT CRÉATION DE LA COMMISSION DE RÉGULATION DU SECTEUR DE L'ÉNERGIE

3.2.1 Le secteur de l'énergie, un secteur régulé

La réforme du secteur de l'énergie de 1998 a introduit des mécanismes de régulation par la loi n° 98-29 du 14 avril 1998 relative au Secteur de l'électricité qui a notamment créé une autorité indépendante dénommée Commission de Régulation du Secteur de l'Électricité. Quant à elle, la loi n° 98-31 du 14 avril 1998 relative aux activités d'importation, de raffinage, de stockage, de transport et de distribution des hydrocarbures a créé le Comité national des Hydrocarbures, un organe consultatif, qui ne disposait pas de l'ensemble des moyens nécessaires tant au plan humain, financier que juridique pour assurer convenablement ses missions. Ceci d'autant plus que, depuis 1998, les segments de la distribution et du transport ont connu l'arrivée de nouveaux acteurs, tandis que celui du stockage a vu la création d'une société de stockage de pétrole et de produits dérivés.

Face à la complexité de plus en plus croissante du secteur, le gap important du taux d'électrification, la multiplicité des acteurs qui augmente, les nouvelles découvertes du gaz et du pétrole et la stratégie gaz to power pour la transformation des centrales électriques longtemps utilisées avec du fuel au Sénégal, la Commission de régulation du Secteur de l'Électricité ne pourra plus jouer pleinement son rôle : une régulation forte apparait ainsi de plus en plus nécessaire avec l'introduction de l'Accès des Tiers au Réseau, telle que prévue par les textes et exigée par le cadre de coopération régional du WAPP. Cela va nécessiter un important travail de régulation qui doit répondre aux nouveaux défis sectoriels.

Aussi, est-il devenu nécessaire de mettre en place une autorité de régulation forte, capable d'assurer un fonctionnement transparent des activités de l'aval du sous-secteur des hydrocarbures, d'accompagner la libéralisation totale des activités et de stimuler la concurrence au bénéfice des consommateurs.

L'expérience de la Commission de Régulation du Secteur de l'Électricité en matière de régulation du sous-secteur de l'électricité rend possible un élargissement visant à inclure le sous-secteur des hydrocarbures aval permettant un meilleur encadrement règlementaire.

La création de la nouvelle Commission de la Régulation du Secteur de l'Énergie permet d'asseoir solidement les actions de régulation dans le nouveau secteur régulé. Parallèlement, le Comité national des Hydrocarbures est supprimé, son personnel transféré à la Commission de Régulation. Ce choix est dicté par la nécessité d'assurer une meilleure cohérence entre le sous-secteur de l'électricité et celui aval du sous-secteur des hydrocarbures, et une rationalisation de l'action publique ainsi qu'une optimisation des ressources.

La nouvelle Commission de la Régulation du Secteur de l'Énergie devient ainsi un acteur institutionnel central pour le secteur de l'énergie au Sénégal et il est apparu évident qu'une loi unique présentant l'ensemble de ses attributions, fonctions et pouvoirs, couvrant les sous-secteurs mentionnés, soit adoptée.

Ainsi, la loi n° 2021-30 du 9 juillet 2021 Portant sur la Commission de Régulation du secteur de l'Énergie a apporté notamment les innovations suivantes :

- Le changement de dénomination de la Commission de Régulation du Secteur de l'Électricité qui devient Commission de Régulation du Secteur de l'Énergie ;
- L'extension des attributions de la Commission de Régulation du Secteur de l'Électricité aux activités de l'aval du sous-secteur des hydrocarbures ;
- La mise en place d'un Comité de règlement des différends avec des compétences plus élargies ;
- L'élargissement du champ d'application ;
- L'attribution à la CRSE de la responsabilité de superviser les appels d'offres du secteur de l'énergie.

3.2.2 De la Commission de Régulation du secteur de l'énergie

La Commission de Régulation du Secteur de l'énergie (CRSE)[125] est une personne morale de droit public dotée d'une autonomie financière placée sous l'autorité de la Présidence de la République. Elle a pour mission la régulation des activités du secteur de l'énergie notamment :

- Du sous-secteur de l'électricité comprenant la production et l'autoproduction, le transport, la distribution, le stockage, la vente, l'importation et l'exportation de l'énergie électrique ;
- Du secteur aval des hydrocarbures comprenant l'importation, le raffinage, l'exportation et la réexportation, le stockage, le transport, la distribution et la commercialisation d'hydrocarbures ;
- Du segment intermédiaire et aval du secteur gazier comprenant l'agrégation, la transformation, le stockage, l'importation, le raffinage, l'exportation et la réexportation, la fourniture de gaz naturel sous forme gazeuse ou liquide ainsi que les activités de transport et de distribution de gaz naturel liquéfié et de transport et distribution de nature comprimé.

Ces différentes missions sont détaillées dans la présente loi pour chaque segment du secteur de l'énergie.

[125] Créée par la loi n° 2021-32 du 9 juillet 2021 portant création, organisation et attributions de la Commission de Régulation du Secteur de l'Énergie (CRSE).

Elle émet des avis, rend des décisions, prend des règlements et édicte des règlements d'applications. Ses décisions sont considérées comme des actes administratifs susceptibles de recours devant les tribunaux administratifs.

Dans le cadre de sa mission de régulation, la Commission dispose de pouvoirs très étendus aux fins de faciliter son rôle de régulateur du secteur de l'énergie. Pour ce faire, elle exerce plusieurs attributions et est composée de trois organes devant assurer la régulation du secteur.

3.2.3 Les attributions de la CRSE

Elle dispose de quatre attributions ayant trait à la stratégie, à la réglementation technique, au contrôle de l'exercice des activités réglementées et à la tarification.

Par rapport à la stratégie, elle participe ainsi à l'élaboration des textes législatifs et réglementaires du secteur et est consultée sur les grandes orientations de la politique énergétique du Sénégal.

S'agissant de la réglementation technique, elle veille entre autres au respect des textes et normes en vigueur portant sur le raccordement au réseau public de distribution et de transport, sur l'élaboration, la mise à jour et l'application du Code réseau à l'élaboration et au respect des normes techniques et de sécurité applicables aux installations et produits des sous-secteurs qui entrent dans son champ de compétence.

Elle est chargée de contrôler la bonne exécution des conventions de délégation de service public, des contrats de licences et cahiers des charges et en particulier de leurs termes relatifs à l'obligation de disponibilité et de continuité en quantité et en qualité ainsi que les contrats plans ou de délégation de gestion conclus par les structures publiques opérant dans les sous-secteurs.

Pour ce qui est du Contrôle de l'exercice des activités réglementées, la CRSE veille à l'exercice d'une concurrence effective, saine et loyale dans l'intérêt de l'État, des opérateurs et des consommateurs ainsi qu'au respect des conventions de délégation de service public. La CRSE exerce cette attribution par exemple pour faire la régulation tarifaire de la Senelec et la fixation de son Revenu Maximum Autorisé. Par exemple, lors des dernières révisions tarifaires de l'électricité, il y a eu un déficit découlant de la variabilité du coût des investissements de Senelec et du Revenu Maximum Autorisé (RMA) qui s'il n'existait pas, comme tout vendeur, la Senelec prendrait son prix de revient auquel elle ajouterait une marge pour revendre au Consommateur final. C'est l'État qui supporte la différence ou une partie et dans ce cas, Senelec est obligée de réviser les tarifs comme c'est le cas en 2022.

Aux titres de l'exercice des activités réglementées et des activités tarifaires, la CRSE détient des attributions en matière de décisions individuelles, des attributions consultatives et des attributions exercées par voie de règlement.

Sans préjudice des attributions qui peuvent lui être conférées aux termes de législations sectorielles, la CRSE est chargée de diverses attributions.

A. Les Attributions en matière de décisions individuelles

La CRSE émet des avis et rend des décisions. À ce titre elle est chargée de :

- Émettre un avis conforme sur la demande d'accès des tiers au réseau de transport et de distribution ;
- Instruire les demandes de licence ou de concession ;
- Veiller au respect des termes des licences et des concessions ;
- Apporter toute modification d'ordre général aux licences, aux concessions ou à leur cahier des charges ;
- Instruire les demandes de fixation des droits de passage présentées par les titulaires de licence et de concession et émettre un avis conforme ;
- Assurer le respect des normes techniques ;
- Assurer le respect de la concurrence dans le secteur ;
- Déterminer la structure et la composition des tarifs ;
- Appliquer, le cas échéant, des sanctions aux opérateurs pour manquements à leurs obligations….

B. Les Attributions consultatives

De par ces attributions consultatives, la CRSE est chargée de :

- Assurer comme observateur la supervision des procédures de passation des titres d'exercices des activités réglementées du secteur de l'électricité, des procédures de passation des titres d'exercices des activités réglementées de l'aval du secteur des hydrocarbures et des segments intermédiaire et aval gaziers ;

- Donner des avis au ministre chargé de l'Énergie sur tous les projets de textes législatifs et réglementaires concernant le secteur de l'énergie ;

- Proposer au ministre chargé de l'Énergie des arrêtés concernant notamment : les droits et obligations des entreprises, l'accès des tiers au réseau et les relations des entreprises avec leurs clients….

C. Attributions exercées par voie de règlement

La CRSE est chargée :

- De fixer les critères spécifiques aux besoins d'autoproduction à respecter par les autoproducteurs d'énergie électrique ;

- De déterminer le niveau de marge des activités aval du secteur des hydrocarbures et des segments intermédiaire et aval gazier ;

- De déterminer les niveaux de stock de sécurité et de la marge de sécurisation de l'activité de raffinage ;

- De fixer les méthodologies de procédure détermination et de révision des conditions tarifaires et autres éléments constitutifs de la structure des prix des activités réglementées ;

- De définir les conditions tarifaires ;

- D'autoriser les niveaux de revenu permettant aux titulaires de titre d'exercice d'obtenir un taux de rentabilité normal par rapport à la base tarifaire spécifié défini dans le règlement d'application ;

- D'élaborer un modèle de régulation suivant la méthodologie définie dans le règlement d'application….

D. Pouvoir en matière de sanctions et d'enquêtes

La Commission dispose de pouvoirs d'investigation sur les activités du secteur conformément aux articles 24 et suivants de loi portant organisation et fonctionnement de la CRSE.

3.2.4 Organisation de la CRSE

Conformément aux dispositions de l'article 14 de la loi n° 2021-32 du 9 juillet 2021 portant création, organisation et attributions de la Commission de Régulation du Secteur de l'Énergie (CRSE), la CRSE est composée de trois organes : le Conseil de Régulation, le Secrétariat exécutif et le Comité de Règlement des Différends (CRD). Les modalités de fonctionnement et d'organisation de ces organes sont fixées par le décret n° 2022-1593 portant organisation et fonctionnement de la Commission de Régulation du Secteur de l'Énergie.

A. Le conseil de régulation

Le Conseil de régulation dispose de pouvoirs pour administrer la CRSE, définir et orienter sa politique générale, évaluer sa gestion dans les limites fixées par ses missions organiques et statutaires conformément aux articles 15 et suivant de la loi n° 2021-32 du 9 juillet 2021 portant création, organisation et attributions de la Commission de Régulation du Secteur de l'Énergie.

Le conseil est composé de sept membres dont un Président nommé par décret pour un mandant de 5 ans renouvelable une fois.

Ils bénéficient d'une immunité. Les membres sont désignés ou recrutés par critères et compétences diversifiées.

Les membres du point de vue statutaire sont inamovibles pendant la durée de leur mandat.

Le Président de la CRSE est le Président du Conseil ; à ce titre il est chargé notamment :

- De représenter et d'agir au nom et pour le compte de CRSE en tout lieu et en toute occasion, notamment au plan international, dans les limites de son mandat et des missions et pouvoirs de la Commission de Régulation du Secteur de l'Énergie. Il a qualité pour ester en justice ;

- D'organiser, de suivre et de contrôler l'ensemble des activités de la CRSE ;
- D'exécuter le budget de la CRSE ;
- D'informer chaque fois que les circonstances le requièrent, le Président de la République, par voie d'audience, ou de tous moyens, des activités de la CRSE et/ou des difficultés rencontrées lors de l'exécution de ses missions ;
- D'établir annuellement, avant le 30 juin, un rapport public qui rend compte des activités de la CRSE et de I 'application des dispositions législatives et règlementaires relatives aux secteurs de l'électricité, de l'aval des hydrocarbures et de l'intermédiaire et aval gaziers. Ce rapport est communiqué au Président de la République ;
- De publier les décisions, les avis conformes et les actes règlementaires de la CRSE...

Le Président de la CRSE peut déléguer une partie de ses fonctions à tout membre du Conseil de Régulation, sous réserve que cette délégation de pouvoirs soit limitée à un objet précis.

En cas d'indisponibilité temporaire du Président, il est suppléé, pendant la durée de l'indisponibilité par le membre le plus ancien au Conseil de Régulation, et en cas de concours d'ancienneté entre plusieurs membres du Conseil de Régulation, par le membre le plus âgé.

B. Le Secrétariat exécutif

En application des articles 14 et 22 de la loi n° 2021-32 du 9 juillet 2021 portant création, organisation et attributions de la Commission de Régulation du Secteur de l'Énergie (CRSE) et du décret n° 2022-1593 précité, le Secrétariat exécutif est l'organe d'exécution de la CRSE et appuie le Conseil de Régulation dans la gestion courante de la Commission de Régulation du Secteur de l'Énergie et dans l'exécution du programme d'activités adopté par le Conseil de Régulation.

Le Secrétariat exécutif est dirigé par un Secrétaire exécutif placé sous l'autorité du Président du Conseil de Régulation. Il est organisé en directions afin d'assister le Conseil de Régulation et son Président dans I 'exercice de leurs fonctions et missions.

Le Secrétaire exécutif assure la gestion quotidienne des affaires technique, juridique et administrative. À ce titre, il est chargé notamment :

- De veiller à la mise en œuvre des délibérations et des décisions du Conseil ;
- D'assurer le secrétariat des réunions du Conseil de régulation ;
- D'élaborer le plan de travail annuel qu'il soumet au conseil de régulation pour approbation et coordonner sa mise en œuvre ;
- D'assurer la coordination des directions opérationnelles ;
- De préparer le budget, les comptes et les états financiers annuels ainsi que les rapports d'activités qu'il soumet au Conseil de régulation pour approbation ;
- D'élaborer l'organigramme, le règlement intérieur, le manuel de procédures administratives, financières et comptables ainsi que la grille de rémunération et les avantages du personnel qu'il soumet au Conseil de Régulation.

C. Le Comité de Règlement des Différends

Conformément aux dispositions du décret n° 2022-1593 précité en ses articles 22 et suivants, le Comité de Règlement des Différends (CRD) est un organe indépendant au sein de la CRSE

Le CRD est composé de cinq (05) membres appelés conseillers. Ils sont nommés par décret sur proposition du Conseil de Régulation, pour une durée de trois (03) ans non renouvelables. Le CRD est composé comme suit :

- Un membre du Conseil de Régulation ;
- Un conseiller magistrat ;
- Un conseiller issu du Comité consultatif de l'Administration ;
- Un conseiller issu du Comité consultatif des Opérateurs ;
- Un conseiller issu du Comité consultatif des Consommateurs.

Le choix des membres du CRD tient compte de la nécessité de lui assurer les services de personnes faisant preuve de probité, d'intégrité morale, d'honnêteté intellectuelle et avoir des qualifications et des compétences dans le domaine juridique, technique ou financier.

Le conseiller magistrat assure la présidence du CRD. En cas de vacances de la présidence du CRD ou d'empêchement temporaire de son Président pour quelque cause que ce soit, la présidence du CRD est exercée par le membre du CRD le plus ancien dans sa fonction et en cas de concours d'ancienneté entre plusieurs membres du CRD, par le membre le plus âgé.

Les membres du CRD réunis à l'initiative du Président au plus tard dans les trois (03) mois suivant leur désignation adoptent le règlement intérieur du CRD à la majorité qualifiée des trois-quarts (3/4) de ses membres.

Le CRD est chargé[126] :

- D'instruire les plaintes de toute personne physique ou morale intéressée relative au non-respect de disposition d'une réglementation sectorielle relevant du champ de compétence de la CRSE ;

- D'instruire et se prononcer sur les recours exercés par les candidats ou soumissionnaires ou demandeurs de licence dans le cadre des procédures mises en œuvre en vue de l'obtention d'un titre d'exercice d'une activité règlementée ;

- De régler les différends entre les acteurs du secteur de l'électricité, du secteur aval des hydrocarbures et des segments intermédiaire et aval gaziers.

La saisine du CRD n'est valable que si le demandeur a exercé un recours préalable et amiable auprès de l'entité concernée.

L'utilisation des modes alternatifs de règlement des litiges est préconisée. En effet, il consiste en des solutions permettant d'éviter, en cas de contentieux, des décisions contentieuses et qui visent à soumettre

[126] Article 25 du décret n°2022-1593 précité.

ces litiges à un règlement non juridictionnel. C'est le cas de l'arbitrage, de la conciliation, de la médiation et de la transaction.

Sauf dispositions légales contraires, le CRD ne peut être saisi de faits remontant à plus de trois (03) ans, s'il n'a été pris auparavant aucun acte interruptif de prescription tendant à leur dénonciation, leur constatation, leur instruction ou encore leur sanction.

Le CRD statue en matière de règlements de litiges[127] aux fins :

- De conciliation des parties concernées ; on entend par conciliation l'acte par lequel deux personnes mettent fin à un litige suite à l'intervention du CRD.
- De prise de toute mesure conservatoire, corrective ou suspensive de l'exécution de la procédure de passation ou d'obtention d'un titre exécutoire, dont l'attribution définitive est suspendue jusqu'au prononcé de sa décision au fond ;
- De règlements des litiges entre les parties.

Le CRD a un pouvoir de sanctions : pénale, financière (dans ce type de sanction le CRD prend 2 % pour le fonctionnement de la CRSE) et administrative (retrait de licence par exemple).

Dans le cadre de l'exercice de ses attributions, le CRD ne peut recevoir d'instructions de la CRSE ou de tout tiers. Il peut toutefois, entendre toute personne physique en vue d'avoir toutes les informations nécessaires dans l'exercice de ses missions. Les décisions du CRD font l'objet d'une publication.

3.3 DU CADRE LÉGAL DU SOUS-SECTEUR DES HYDROCARBURES

3.3.1 L'adoption du nouveau Code pétrolier

A. Un nouveau cadre légal

L'adoption de la loi n° 98-05 du 08 janvier 1998 portant Code pétrolier offrait un cadre légal attractif et incitatif aux fins de favoriser le développement des investissements inhérents à la recherche et à

[127] Art 26 du décret cité infra.

l'exploitation d'hydrocarbures. Ce qui avait suscité l'intérêt des compagnies pétrolières internationales à mener non seulement des études pour une meilleure connaissance du système pétrolier en offshore dans le bassin sédimentaire du Sénégal mais aussi d'effectuer des recherches de développement d'exploration et de forage réalisées menant à la découverte conséquente de gaz et de pétrole à partir de 2014. C'est ainsi que le Sénégal est devenu un pays à fort potentiel en hydrocarbures et c'est pourquoi l'intégration des meilleurs pratiques et usages en vigueur nées des mutations intervenues dans l'industrie pétrolière et gazière a conduit le Sénégal à l'adoption d'un nouveau Code pétrolier prenant en compte l'exigence constitutionnelle qui fait que les ressources naturelles appartiennent au peuple.

Toutefois, il convient de noter, comme l'affirme un bon nombre de spécialistes, que « malgré la nécessaire diminution des consommations d'énergie fossile pour lutter contre le changement climatique, le pétrole sera indispensable pendant encore des décennies pour répondre à une demande d'énergie toujours croissante, en particulier dans les pays émergents » [128]et surtout dans les pays en voie de développement qui viennent de découvrir du pétrole.

C'est pourquoi, la sauvegarde et la sécurisation des intérêts économique et financier du peuple sénégalais, tout en préservant l'attractivité et la compétitivité du pays, fonde l'élaboration d'un nouveau Code pétrolier.

Ainsi, tenant compte des enjeux et défis inhérents à l'environnement des hydrocarbures, le présent Code pétrolier, qui a entre autres objectifs d'abroger et de remplacer la loi n° 98-05 du 8 janvier 1998, reconduit les mesures visant à stimuler les activités d'exploration, de développement et d'exploitation d'hydrocarbures tout en apportant les innovations majeures ci-après :

---

[128] Denis Babusiaux et Pierre René Bauquis, le pétrole quelles réserves, quelles productions et à quel prix ?, ed Dunod, 2017, préface p.xi

- La prise en compte des exigences de transparence dans la gestion des ressources extractives, conformément à la norme de l'Initiative pour la Transparence dans les Industries extractives (ITIE)[129] ;

- La définition d'une nouvelle réglementation des opérations pétrolières qui sera annexée au présent Code ;

- L'obligation de passer par un appel d'offres pour toute demande d'attribution de permis pétrolier ;

- Le renforcement de la règlementation relative au transport des sites de production aux zones de grande consommation, au stockage et à la commercialisation en gros des produits pétroliers et gaziers prétraités ou liquéfiés « *Midstream* », notamment par l'introduction des demandes d'autorisation pour les opérations de stockage et de liquéfaction du gaz naturel ;

- La prise en compte de la loi sur la répartition des revenus issus de l'exploitation des hydrocarbures ;

- L'élargissement de dispositions relatives au contenu local donnant la possibilité pour les investisseurs privés nationaux disposant de capacités techniques et financières de pouvoir participer aux risques et aux opérations pétrolières ;

- La consolidation des dispositions sur la protection de l'environnement, conformément aux normes et pratiques en vigueur dans l'industrie pétrolière internationale.

Le Code pétrolier de 2019 comporte dix chapitres :

- Le chapitre premier est relatif aux dispositions générales ;

- Le chapitre II traite de la prospection d'hydrocarbures ;

- Le chapitre III concerne l'autorisation d'exploration d'hydrocarbures ;

---

[129] *Lancée en 2002 par le Premier ministre britannique Tony Blair lors du sommet mondial sur le développement durable à Johannesburg, en Afrique du Sud, l'Initiative pour la Transparence dans les Industries extractives (ITIE Sénégal) est une norme internationale qui vise à améliorer la transparence dans la gestion des revenus tirés de l'extraction des ressources extractives minières et pétrolières et gazières. Voir le site internet : itie.sn*

- Le chapitre IV traite de l'exploitation des hydrocarbures ;
- Le chapitre V concerne le transport et le stockage des hydrocarbures ainsi que la liquéfaction du gaz naturel ;
- Le chapitre VI se rapporte aux dispositions fiscales et douanières ;
- Le chapitre VII concerne les droits et obligations attachés à l'exercice des opérations pétrolières ;
- Le chapitre VIII traite des relations avec les propriétaires et occupants du sol ;
- Le chapitre IX est relatif à l'exercice de la surveillance administrative, des pénalités et du contentieux ;
- Le chapitre X se rapporte aux dispositions finales.

Par ailleurs plusieurs règlementations[130] ont été adoptées pour assurer la mise en œuvre de la politique des hydrocarbures au Sénégal notamment :

- la réglementation sur les installations pétrolières ;
- la réglementation sur les exigences financières en matière d'opérations pétrolières ; la réglementation sur la sécurité et la santé au travail dans le domaine pétrolier et gazier ;
- la réglementation sur les certificats de conformité liés à l'exploitation du pétrole et du gaz ;
- la réglementation sur les forages d'exploration, de délinéation, de développement et la production offshore et onshore du pétrole et du gaz, etc.

B. Focus sur les nouvelles conditions d'attribution et de renouvellement des permis pétroliers

L'octroi et la gestion des permis et des autorisations étaient régis par la Loi n° 98-05 portant Code Pétrolier et le décret d'application 98-810. La nouvelle loi pétrolière 2019-03 dispose en son article 12 que

130 Journal officiel spécial (JO du Sénégal) n° 7203 du 23 août 2019.

l'attribution de blocs s'opère au moyen d'appel d'offres ou de consultation directe[131].

Les modalités de mise en œuvre sont fixées par décret. Le contrat pétrolier est négocié par le ministre chargé des Hydrocarbures. Il s'appuie sur une commission d'examen et de négociation des contrats pétroliers dont les règles d'organisation et de fonctionnement sont fixées par arrêté du ministre chargé des Hydrocarbures.

Dans les conditions fixées par le présent Code, les titres miniers d'hydrocarbures (autorisations d'exploration, autorisations d'exploitation) sont cessibles et transmissibles à des personnes morales possédant les capacités techniques et financières pour mener à bien les opérations pétrolières. Les actes de cession ou de transfert des titres miniers sont transmis au ministre chargé des Hydrocarbures, pour approbation.

Celle-ci est réputée acquise au bout de soixante (60) jours sans réaction du ministre.

La fiscalité des cessions de droits portant sur les titres miniers d'hydrocarbures, en phase d'exploitation, est régie par les dispositions du Code général des Impôts.

Notons que des changements ont été apportés sur les cessions d'intérêts participatifs entre la phase de recherche et la phase de développement. En effet, les cessions d'intérêts dans cette phase étaient exonérés d'impôt sous l'empire du Code pétrolier de 1998 conformément à la cession entre Petrotim et Timis corporation. Dans le nouveau Code pétrolier, les dispositions de l'article 48 alinéa 1 du Code de 1998 sont abrogées et toutes les cessions sont régies par le CGI et demeurent taxables selon les cas et des modalités définies dans les nouvelles dispositions du CGI.

Plusieurs types d'autorisation sont octroyés dans le cadre des opérations pétrolières :

---

[131] Le territoire sénégalais est divisé en bloc conformément au cadastre pétrolier dont 8 blocs offshore attribués, un bloc onshore attribué et 23 blocs libres dont 16 offshore et 7 onshore.
Cf. : *https://cadastrepetrolier.sec.gouv.sn/map.*

1. Autorisation de prospection

L'autorisation de prospection est accordée pour une durée maximale de deux (02) ans. Elle n'est ni amodiable, ni cessible, ni transmissible.

Un titre minier d'hydrocarbures peut être accordé à tout moment, sur tout ou partie de la superficie faisant l'objet d'une autorisation de prospection. Cette autorisation devient dès lors caduque de plein droit sur la superficie concernée sans qu'aucune indemnité ne soit due.

2. Autorisation d'exploration

L'autorisation d'exploration d'hydrocarbures confère à son titulaire, dans les limites de sa zone, le droit exclusif d'exécuter tous les travaux, y compris le forage, ayant pour objet la recherche et la mise en évidence de gisements d'hydrocarbures, conformément aux termes du contrat pétrolier attaché à ladite autorisation. Sur demande de son titulaire, l'autorisation d'exploration d'hydrocarbures peut être renouvelée, au plus deux (02) fois, par décret, pour une durée n'excédant pas trois (03) ans à chaque fois.

Un renouvellement ne peut intervenir qu'à condition que le titulaire ait rempli toutes ses obligations et, à chaque fois, une fraction de la superficie de la zone d'exploration.

À la fin de la période initiale ou du premier renouvellement et à titre exceptionnel, le titulaire peut bénéficier, par décret, d'une extension ne pouvant excéder un (01) an sous réserve d'avoir commencé les travaux et d'avoir fourni les justificatifs techniques requis.

La deuxième période de renouvellement peut être prorogée, par décret, pour la durée nécessaire à la poursuite des travaux d'évaluation d'une découverte.

3. Autorisation d'exploitation provisoire

Accordée pour une période maximale de six (6) mois, l'autorisation d'exploitation provisoire devient caduque d'office en cas d'expiration de l'autorisation d'exploration à moins qu'une demande d'autorisation d'exploitation exclusive soit déposée.

Les procédures d'instruction de demande d'autorisation d'exploitation provisoire et de retrait sont fixées par décret.

L'autorisation d'exploitation provisoire devient caduque d'office en cas d'expiration de l'autorisation d'exploration à moins qu'une demande d'autorisation d'exploitation exclusive soit déposée.

4. Autorisation d'exploitation exclusive

Toute découverte commerciale d'hydrocarbures effectuée par le titulaire d'une autorisation d'exploration d'hydrocarbures lui donne le droit exclusif, en cas de demande avant l'expiration de cette autorisation, à l'octroi d'une autorisation exclusive d'exploitation portant sur la zone de la découverte commerciale conformément aux dispositions de l'article 20 du présent Code. L'octroi d'une autorisation exclusive d'exploitation entraîne l'annulation de l'autorisation d'exploration d'hydrocarbures à l'intérieur de la zone concédée, mais la laisse subsister jusqu'à expiration à l'extérieur de cette zone, sans modifier les droits et obligations découlant de l'autorisation d'exploration d'hydrocarbures.

L'autorisation exclusive d'exploitation est octroyée au titulaire pour une durée initiale maximale de vingt (20) ans. À l'expiration de cette durée initiale, elle peut être renouvelée, une seule fois, par décret, à la demande du contractant, pour une période additionnelle de dix (10) ans au plus. Le renouvellement n'est pas automatique.

5. Contrats Pétroliers (du Contrat de Recherche et de partage de production (CRPP) ou Contrat de Partage de Production (CPP)[132])

Les contrats sont octroyés à tout demandeur remplissant les exigences minimales à condition que la zone demandée se trouve en dehors des zones d'interdiction ou de celles faisant déjà l'objet d'un titre minier d'hydrocarbures. Il existe trois types de contrats notamment la concession[133], les contrats de service[134] et les contrats de recherche et de partage de production. Le Sénégal a porté son choix sur ce dernier

[132] Les modèles de CRPP de 1998 et de 2019 sont produits en annexe.

[133] Ce type de contrat n'est pas praticable au Sénégal à cause de l'article 25.1 de la Constitution qui dispose que « *les ressources naturelles appartiennent au peuple. Elles sont utilisées pour l'amélioration de ses conditions de vie.*
L'exploitation et la gestion des ressources naturelles doivent se faire dans la transparence et de façon à générer une croissance économique, à promouvoir le bien-être de la population en général et à être écologiquement durables ».

[134] Contrat trop coûteux et risqué pour l'État étant entendu que le contractant ne prend aucun risque et ne finance pas directement les travaux.

au détriment du contrat de service dans lequel, l'exploitant exploite pour le compte de l'État moyennant rémunération même s'il y a un débat doctrinal qualifiant parfois les CRPP comme tel, à la différence du contrat de licence où l'exploitant exploite à ses risques et périls et paie une redevance et reste propriétaire des installations.

Le Contrat de Recherche et de Partage de Production (CRPP) est un accord de volonté entre l'État et le contractant par lequel ce dernier s'engage à réaliser, au nom et pour le compte de l'État, des activités sur un bloc donné à ses risques et frais financiers et techniques de l'exploration et détient un droit exclusif de développer et d'exploiter une découverte commerciale par le biais d'une joint-venture dans laquelle l'État à travers Petrosen détient des parts portées en phase d'exploration (10 % pour les contrats en vigueur) qui peuvent être revues à la hausse en cas de découverte[135] (18 % dans le cadre du projet Sangomar et 20 % sur GTA).

Dans le cadre des CRPP, les opérations pétrolières sont entreprises par une personne morale disposant des capacités techniques et financières requises et dûment autorisées par l'État dans les conditions fixées par le présent Code.

Le contrat de recherche et de partage de production est signé par le ministre chargé des Hydrocarbures avec PETROSEN et le ou les demandeurs de l'autorisation d'exploration, après avis du ministre chargé des Finances[136]. Un engagement est fait dans ce type de contrat par l'exploitant d'explorer et de partager le revenu en cas de découverte avec l'État.

---

[135] Selon le CRPP signé et le Code pétrolier applicable (1998 ou 2019).

[136] Le CRPP de GTA est organisé sous forme de consortium réparti entre BP (53,3 %), Kosmos (26,7 %) et Petrosen (20 % soit 10 % du projet) pour un investissement de 4,8 milliards de dollars américain. Le montant de la participation de Petrosen est de 480 millions de dollars couvert par prêt contracté avec BP et KOSMOS).
Le consortium de Sangomar est composé de Woodside qui détient 82 % et Petrosen 18 % pour un investissement de 4,6 milliards de dollars américains. Le montant de la participation de Petrosen est de 850 millions de dollars couvert par prêt contracté avec Woodside pour une partie et le reste est couvert par l'État.

Le Contrat est soumis à l'approbation du Président de la République par décret et publié au Journal Officiel.

6. Les mécanismes de partage de revenus issus de la production pétrolière

Les revenus issus de l'exploitation des activités pétrolières et gazières servent d'une part à rembourser les coûts des investissements que l'on appelle « *Cost oil* » qui est fixé entre 70 et 75 % selon les projets sur la base du « *Cost Stop oil* » et d'autre à être partagés conformément à l'article 22 des CRPP et l'Annexe 2[137] entre l'État et les actionnaires de la joint-venture. D'où toute la pertinence de distinguer le remboursement des coûts du projet (CAPEX et OPEX) du partage des profits « *Profit oil* » et de l'impôt sur le bénéfice pour comprendre le mécanisme du partage de revenu.

Le partage du profit est fonction de la production journalière[138]. En effet, les gisements au Sénégal sont tous à une distance supérieure à cinq cent mètres dès lors si la production est comprise entre zéro et cinquante mille barils la répartition est de 15 % pour l'État et 85 % pour le Contractant ; si la production est comprise entre cinquante mille barils et cent mille barils la répartition est de 20 % pour l'État et 80 % pour le contractant ; si la production est comprise entre cent mille barils et cent cinquante mille barils la répartition est de 25 % pour l'État et 75 % pour le contractant ; si la production est comprise entre cent cinquante mille barils et deux cent mille barils la répartition est de 30 % pour l'État et 70 % pour le contractant ; si la production est supérieure à deux cent mille barils la répartition est de 40 % pour l'État et 60 %

---

[137] Annexe 2 portant sur les principes de bases d'imputation des coûts pétroliers.

[138] Article 22 CRPP « a) pour une production journalière d'hydrocarbures à partir d'un gisement à une profondeur d'eau inférieure ou égale à cinq cents (500) mètres, le contractant recevra une part maximale de la production totale commerciale du soixante-dix pour cent (70 %).

A noter que le mode basé sur la production journalière a évolué avec le nouveau Code pétrolier à travers un nouveau principe appelé « Facteur R »

b) pour une production journalière d'hydrocarbures à partir d'un gisement à une profondeur d'eau supérieure à cinq cents (500) mètres, le contractant recevra une part maximale de la production totale commerciale du soixante-quinze pour cent (75 %)… ».

pour le contractant. D'après les estimations, la production journalière pour le projet de Sangomar est de cent mille barils/jour.

Le partage de revenu s'effectue ainsi qu'il suit en tenant compte de la part de l'État en fonction de la production journalière, la part de Petrosen dans la Joint-venture, les droits de redevances et de l'impôt sur le bénéfice[139].

En prenant l'exemple du projet de GTA les revenus sont partagés ainsi qu'il suit :

Illustrations du mécanisme de partage des revenus de production pétrolière

Production baril/jour	État	Joint-Venture	Part de Petrosen dans la JV[140]	Impôts sur le bénéfice[141]	Redevance	Part totale État
0 à 50 000	25 %	75 %	7,5 %	20 %	4 %	56,5 %
50 001 à 100 000	30 %	70 %	7 %	18 %	4 %	59 %
100 001 à 150 000[142]	35 %	65 %	6,5 %	17 %	4 %	62,5 %
150 001 à 200 000	40 %	60 %	6 %	15 %	4 %	65 %
Sup à 200 000	50 %	50 %	5 %	12 %	4 %	71 %

139 Aux termes de 22.4 du CRPP « le recouvrement des Coûts pétroliers et le partage de la production seront établis chaque trimestre d'année civile sur une base cumulative. Si la production ou les coûts pétroliers recouvrables ne sont pas définitivement connus à la date de calcul, des estimations faites à partir du Programme Annuel de Travaux et du Budget de l'Année Civile considérée visés à l'article 16 ci-dessous, seront utilisés….».

140 10 % de participation dans la Joint-Venture.

141 30 % impôt sur les bénéfices.

142 Il est prévu dans le champ de Sangomar une production journalière de 100000 barils/jour.

L'ADOPTION D'UN CODE GAZIER

Avec les découvertes importantes de gaz, le Sénégal s'est doté d'une nouvelle Stratégie « gas to power » présentée supra aux fins de disposer d'une énergie de qualité, en quantité et à moindre coût permettant le développement de la production d'électricité à partir du gaz naturel contribuant ainsi à la transition énergétique basée sur le mix-énergétique.

Malgré l'existence d'un cadre juridique qui intégrait le gaz naturel dans le champ des hydrocarbures notamment la loi n° 98-31 du 14 avril 1998 relative aux activités d'importation, de raffinage, de stockage, de transport et de distribution des hydrocarbures, il s'est avéré nécessaire de mettre en place un nouveau cadre légal qui prendra en compte un pan entier qui sera au cœur du développement des activités gazières. En effet, l'absence d'encadrement juridique des activités des segments intermédiaire et aval du secteur gazier constitue une limite du cadre juridique sous l'empire de la loi n° 98-31. Il est donc devenu nécessaire de proposer un Code gazier qui va non seulement régir ces activités mais participera à la valorisation du gaz pour le développement de l'économie nationale au renforcement du mix-énergétique à notre indépendance énergétique et surtout à la réduction des coûts de l'électricité fortement dépendant pendant longtemps des énergies fossiles et du fuel importés dans une perspective d'accès universel à l'énergie au Sénégal et dans la sous-région.

Le Code gazier apporte plusieurs innovations notamment :

- Le droit d'accès des tiers aux infrastructures gazières ;
- La participation du secteur privé national et étranger sous la supervision d'un régulateur chargé de garantir l'approvisionnement du marché gazier ;
- L'équilibre économique et financier du sous-secteur ;
- La protection des droits et des intérêts des consommateurs et des opérateurs ;

- Le respect des normes de qualité des produits, de sécurité des installations et de préservation de l'environnement dans une perspective de développement durable ;

Le Code gazier comporte huit titres :

- Le Titre premier est relatif aux dispositions générales ;
- Le Titre II traite du régime des licences et concessions ;
- Le Titre III concerne les modalités d'exercice des segments intermédiaire et aval du sous-secteur gazier ;
- Le Titre IV se rapporte à la tarification ;
- Le Titre V réglemente des servitudes relatives aux installations de transport et de distribution par gazoducs ;
- Le Titre VI se rapporte au régime fiscal ;
- Le Titre VII est relatif aux manquements, contrôles et sanctions ;
- Le Titre VIII concerne les dispositions diverses et finales.

Le nouveau cadre juridique des activités gazières est régi aussi par plusieurs décrets d'applications adoptés pour assurer la mise en application des dispositions du Code gazier. À ces textes il faut rajouter les autres textes communs au secteur des hydrocarbures comme la loi sur le Contenu local ou la loi d'orientation sur la répartition des revenus issus de l'exploitation pétrolière et gazière.

3.3.2 Focus sur la loi n°2022-09 du 19 avril 2022 relative à la répartition et à l'encadrement de la gestion des recettes issues de l'exploitation des hydrocarbures

Conformément aux dispositions de l'article 25-1 de la Constitution sénégalaise, les ressources naturelles appartiennent au peuple et doivent être gérées de façon durable dans l'intérêt exclusif des populations. C'est pourquoi le législateur sénégalais a mis en place cette loi relative à la répartition et à l'encadrement de la gestion des recettes issues de l'exploitation du pétrole et du gaz.

Cette loi est prise en application des dispositions du Code pétrolier qui stipule que les modalités de gestion et de répartition des recettes issues de l'exploitation des hydrocarbures sont déterminées par une loi.

La loi poursuit un certain nombre d'objectifs parmi lesquels, la protection du budget de l'État de la fluctuation des prix des hydrocarbures, le renforcement de la gestion budgétaire et la non-dépendance vis-à-vis des ressources d'hydrocarbures conformément aux principes de Santiago.

Elle est divisée en cinq chapitres. Le chapitre premier est relatif aux dispositions générales, le second chapitre traite du Fonds intergénérationnel, du Fonds de stabilisation et des comités d'investissement, le troisième chapitre fixe les règles de la répartition des recettes, l'abondement des fonds et la gestion de la part réservée au Budget général de l'État. Le chapitre quatre traite de la gestion et du retrait des fonds de stabilisation et intergénérationnel alors que le chapitre cinq porte sur le suivi et le contrôle de la gestion des recettes d'hydrocarbures.

Cette loi s'articule autour d'un certain nombre de principes directeurs :

- D'abord la budgétisation intégrale des recettes fiscales et non fiscales tirées de l'exploitation du pétrole et du gaz ;
- Ensuite, l'interdiction de toute cession anticipée des ressources d'hydrocarbures et/ou toute sûreté anticipée sur ces ressources ;
- La création d'un Fonds de stabilisation pour se prémunir des risques de volatilités des recettes d'hydrocarbures ;
- La création d'un Fonds intergénérationnel destiné à tenir disponible, pour les générations futures, une épargne constituée à partir des recettes tirées de l'exploitation des hydrocarbures et rentabilisée à travers des placements sûrs.

Elle consacre ainsi l'interdiction de toute cession anticipée ou hypothèque des ressources d'hydrocarbures, et la budgétisation intégrale des recettes fiscales et non-fiscales tirées de l'exploitation des hydrocarbures, la création d'un Fonds de stabilisation et la création d'un Fonds intergénérationnel.

Les règles de gestion des Fonds intergénérationnel et de stabilisation sont déterminées en accord avec les conditions de transparence définies par les normes nationales et internationales, notamment les principes de Santiago[143]

Il est créé auprès de chaque fonds un Comité d'investissement et un comité de prévision et d'évaluation.

Aux termes de l'article 12 de la loi, la loi de finances initiale répartit les recettes d'hydrocarbures entre le budget général de l'État, le Fonds intergénérationnel et le Fonds de stabilisation selon les pourcentages suivants : elle suggère une réparation de recettes sur la base d'un triptyque : D'abord un maximum de 90 % des recettes projetées chaque année va abonder le Budget général de l'État pour assurer le développement du Sénégal, un minimum de 10 % pour abonder le Fonds intergénérationnel, le surplus de recettes constaté à la fin de chaque trimestre, résultant de la différence entre les recettes projetées et celles effectivement encaissées vont alimenter le Fonds de stabilisation.

Le Fonds intergénérationnel est géré par le FONSIS[144] sous forme d'une société de placement dont les investissements visent des actifs à faible risque aux fins de les rentabiliser et de les tenir disponibles pour les générations futures. C'est pourquoi les opérations de retrait sont exceptionnelles et ne peuvent dépasser 15 % du cumul des montants et le cumul des retraits ne peut dépasser 30 % des montants sur une période de 5 ans.

[143] Les principes de Santiago sont un ensemble de bonnes pratiques concernant les fonds souverains, définies par le FMI lors d'une réunion à Santiago en octobre 2008.

[144] Fonds souverain d'investissements Stratégiques.

4 DE L'APPLICATION DU DROIT ET LA PRATIQUE AUX DIFFÉRENTS CONTRATS NÉCESSAIRES AU DÉVELOPPEMENT DES ÉNERGIES ET À L'IMPLANTATION DES INSTALLATIONS ÉNERGÉTIQUES : L'EXEMPLE DES CONTRATS D'ACHAT D'ÉLECTRICITÉ

4.1 INTRODUCTION

Le Contrat d'Achat d'Électricité communément appelé CAE ou PPA (Power Purchase Agreement) est un **contrat à long terme conclu souvent entre un producteur d'électricité indépendant (IPP) et un acheteur d'électricité**, généralement une compagnie d'électricité, pour produire de l'électricité destinée au marché de ce dernier. Parfois dénommé « Contrat Offtake », il est le contrat entre le Producteur détenteur de la société de projet appelé le vendeur et le client appelé acheteur de l'électricité produite. En d'autres termes, un contrat d'achat d'électricité bancable (PPA) est essentiellement un contrat de prélèvement à long terme conclu avec une société solvable preneur et ayant une durée suffisante pour permettre le remboursement de la dette en fournissant un flux de revenus adéquat et prévisible.

Le CAE est souvent négocié suite à une procédure de soumission par Appel d'offres pour permettre la mise en concurrence des différents acteurs conformément aux indications découlant du cahier des charges défini par le client (technologie utilisée, puissance de la centrale, emplacement de la centrale, participation dans le capital du client le cas échéant, etc.). Toutefois, des offres spontanées sont aussi utilisées au Sénégal pour octroyer un CAE.

Au Sénégal, l'électricité est générée par des ressources aussi variées que le renouvelable (l'éolien[145], le solaire[146], l'hydroélectricité[147], la biomasse et la géothermie), le thermique (notamment le pétrole[148], le charbon[149], bientôt le gaz naturel[150],). Quelle que soit la source d'énergie dans les marchés de production d'électricité, les CAE[151] répondent aux mêmes exigences légales et techniques qui s'articulent autour des clauses essentielles de ce type de contrats négociés par des experts ayant des connaissances approfondies dans le domaine du droit de l'énergie[152], du financement des projets électriques, des exigences environnementales et sociales en passant par la bancabilité du projet qui est au cœur du montage.

C'est pourquoi, avant de négocier un CAE, il faut au préalable fixer un tarif discutable, définir l'emplacement de la centrale et s'accorder sur la technologie de production qui conditionne de manière directe le coût et la fiabilité de la production d'électricité. L'emplacement permet de s'assurer que le point de connexion au réseau électrique ou de

---

145 Centrale éolien Taïba Ndiaye…

146 Les centrales solaires dont le premier est la centrale Synergie PV de Bokhol.

147 Centrales de Manantali, Félou et Gouina.

148 La majorité des centrales de Senelec fonctionne au fuel.

149 Centrale à charbon de Sendou.

150 En attente de la production des premiers m3 de gaz au Sénégal pour appliquer la stratégie Gas to Power.

151 Le modèle de CAE est produit en annexe.

152 Les parties sont souvent accompagnées d'experts et même comme indiqué dans « les projets qui sont financés par des prêteurs tiers, avant qu'un CAE puisse véritablement être considéré comme final, les prêteurs devront être satisfaits du CAE. Bien qu'ils ne soient pas généralement Partie au CAE, les prêteurs finançant les coûts initiaux du producteur voudront s'assurer que la documentation régissant la disponibilité de recettes pour le remboursement de leur prêt – à savoir, le CAE – leur convient. Les prêteurs chercheront donc à clarifier, voire à modifier, des clauses du CAE pour avoir plus de garanties concernant la capacité de leur emprunteur (c'est-à-dire le producteur) à s'appuyer sur le CAE comme source de remboursement de leur prêt. Les prêteurs chercheront à apporter des clarifications ou des modifications au CAE même s'il a été signé. Ces modifications peuvent être prévues au titre d'un avenant au CAE, ou au titre d'un document dénommé « accord direct ». (Voir Comprendre les Contrats d'achat d'énergie (CAE), *Facilité africaine de Soutien Juridique* (ASFL) p. 23.

raccordement est proche de la source de production d'énergie pour faciliter l'évacuation de l'énergie produite.

De façon simplifiée,[153] la structure des projets IPP s'articule autour de plusieurs axes qui interpellent des acteurs différents : le sponsor propriétaire de la société de projet, le gouvernement qui délivre les titres de concessions, licences et garanties gouvernementales requises, les prêteurs qui financent la société de projet et qui signent les accords directs avec le vendeur-producteur, le client-acheteur avec les contrats d'O&M et d'EPC que le producteur est tenu de signer avec les constructeurs et sociétés de maintenance pour garantir la disponibilité de l'énergie requise, sans oublier les sociétés d'assurance qui sécurisent les placements et installations dans le site.

Ainsi, « le contrat d'achat d'électricité, ou CAE, est le contrat central de tout projet de production d'électricité indépendant, en particulier sur les marchés émergents »[154].

Réfléchir sur ce modèle de contrat (CAE) revient à porter notre analyse sur la diversité des acteurs[155] impliqués dans le processus de négociation (Section 1) les contrats connexes qui sont liés à son effectivité (Section 2), sur la bancabilité du projet (Section 3) et sur les clauses essentielles (Section 4) qui doivent répondre à des exigences environnementales et sociales (Section 5).

4.2 DES ACTEURS DIVERSIFIÉS AYANT DES RÔLES DIFFÉRENTS DANS LE CAE

Nous pouvons distinguer les Acteurs principaux et les Acteurs secondaires qui jouent des rôles différents dans la mise en place des CAE : les premiers sont composés du client (Acheteur) et du Producteur d'Électricité (Vendeur) alors que les seconds sont notamment le Gouvernement et le Régulateur, les Prêteurs, l'Entreprise de Construction, l'Exploitant de Centrale, les Consommateurs/Utilisateurs finaux.

---

153 Pour plus amples développements voir *idem*.
154 *Idem*, p. 5.
155 *Idem* p. 13 et suivants.

4.2.1 Le vendeur

Le producteur d'électricité (Vendeur) est le propriétaire de la centrale électrique et le Vendeur de l'électricité. Il est également parfois dénommé le Producteur d'Électricité Indépendant (PEI ou IPP) ou la Société de projet.

Dans la loi n° 2021-31 du 9 juillet 2021 portant Code de l'électricité « Le producteur indépendant est tout titulaire d'un titre d'exercice l'autorisant à développer, financer, construire, exploiter et maintenir une installation de production ou de stockage et qui vend également sa production aux transporteurs, aux gestionnaires de réseau de distribution, aux détaillants indépendants et aux clients éligibles ». Cette définition consacre ainsi la fin du monopole de Senelec et l'Accès des Tiers au Réseau et un nouveau type de Producteur indépendant.

4.2.2 Le client ou fournisseur d'énergie électrique

Le client (Acheteur) est celui qui achète l'électricité. Il s'agit généralement du gestionnaire de réseau de distribution notamment la compagnie d'électricité, souvent détenue par l'État comme la Senelec ou tout autre client éligible conformément aux dispositions du nouveau Code de l'électricité qui précise qu'il s'agit de toute personne morale ou toute autre structure investie par un acte réglementaire ou par voie conventionnelle à conclure des CAE directement avec des producteurs en vue de la vente en gros aux clients éligibles, détaillants indépendants.

4.2.3 L'État

L'État participe souvent à diverses phases de la négociation du CAE à travers certains ministères de son gouvernement. Le rôle du gouvernement varie considérablement, selon le cadre législatif et réglementaire de chaque pays. Au Sénégal, l'acteur principal du gouvernement est généralement le ministère chargé de l'énergie qui définit et met en œuvre la politique énergétique du pays[156]. D'autres ministères peuvent être impliqués dans le processus de négociation des CAE notamment le ministère chargé des finances qui doit s'assurer de la

[156] Voir infra acteurs de la politique énergétique.

soutenabilité de la dette du Sénégal à travers la garantie gouvernementale que l'État s'engage à produire pour garantir la dette des prêteurs, le ministère de l'Environnement ou des Ressources naturelles qui doit valider les études environnementales et sociales, la Banque Centrale qui autorise l'ouverture des comptes offshore, etc.

4.2.4 L'organe de régulation

L'organe de régulation du secteur est créé par la loi n° 2021-32 du 8 juillet 2021 portant création, organisation et attributions de la Commission de Régulation du Secteur de l'Énergie (CRSE). La CRSE est chargée de fixer ou d'approuver les tarifs et de veiller à ce que les normes du secteur soient respectées sur l'ensemble du marché de l'énergie. Conformément à son article 11, « Elle émet un avis conforme sur le dossier d'appel d'offres, l'évaluation des offres tant en matière de licences que de conventions de délégation de service public de fourniture de l'énergie électrique, ou tout autre contrat visé au Chapitre IV de la loi portant Code de l'électricité, le périmètre et les programmes d'investissements des opérateurs sur les Contrats d'achat/vente d'énergie à conclure par les producteurs indépendants et les distributeurs et revendeurs d'énergie électrique conformément aux dispositions du Code de l'électricité ». C'est ainsi que la CRSE autorise la négociation de tout CAE avant que les parties puissent conclure le contrat. « La régulation implique souvent un exercice d'équilibre délicat entre, d'une part, protéger les intérêts des consommateurs et, d'autre part, faire en sorte que les Producteurs d'Électricité Indépendants soient raisonnablement incités à développer des projets électriques dans un pays »[157].

4.2.5 Les prêteurs

Les prêteurs sont souvent en arrière-plan des négociations. Souvent les CAE sont renégociés sur instructions des prêteurs pour les accommoder avec les exigences du prêt et des accords directs. S'il existe des banques commerciales comme la BOAD, la BID qui financent ces genres de projets, les Institutions de Financement du Développement (IFD) comme la Banque européenne d'Investissement

[157] *Ibidem* p. 16.

(BEI), OPIC, le Groupe agence française de développement Proparco, la Société Financière de Développement des Pays-Bas (FMO) et la Société Financière Internationale (SFI) prêtent en vue d'un impact d'ordre commercial et de développement. Les agences de crédit à l'exportation fournissent souvent un financement d'équipements.

Les producteurs indépendants apportent généralement une mise de fonds appelée « Equity » qui représente entre vingt (20) à trente (30) pour cent des coûts du projet. Pour le reste des coûts, ils empruntent généralement de l'argent auprès des prêteurs pour financer les projets de CAE.

4.2.6 Le fournisseur de combustible

Il s'agit de la Société africaine de Raffinage (SAR) au Sénégal l'entreprise qui fournit le combustible à la centrale électrique.

4.2.7 L'entreprise de construction (entrepreneur EPC)

L'entreprise de construction est chargée de concevoir, construire, fournir, livrer, installer, mettre en service et réaliser les essais sur la centrale selon les spécifications qui sont définies dans le CAE dans le respect des normes et standards de l'industrie et des dispositions légales et règlementaires applicables.

4.2.8 L'exploitant de la centrale

Le titulaire du contrat de maintenance est souvent l'exploitant de la centrale qui est chargé de veiller à ce que l'exploitation et la maintenance de la centrale soient conformes aux obligations prévues dans le CAE.

4.2.9 Les consommateurs/utilisateurs finaux

Les consommateurs sont les clients finaux du gestionnaire de réseau de distribution d'électricité ou des détaillants indépendants revendeurs d'électricité conformément à l'article 12 de la loi n° 2021-31 portant Code de l'électricité. À ce titre ils ne participent pas directement à la négociation du CAE car ils reçoivent généralement leur électricité par le réseau de distribution local. Toutefois, ils sont bien évidemment concernés par le CAE, puisque les coûts de construction et d'exploitation de la centrale électrique seront (ou devraient être) en fin de compte répercutés sur les utilisateurs finaux par le biais des tarifs de détail (autrement dit, les prix) qui leur sont facturés[158]. C'est pourquoi ils sont souvent consultés par la Commission de Régulation du Secteur de l'Énergie (CRSE).[159]

L'électricité produite est acheminée par des lignes de transmission haute ou moyenne tension à l'acheteur qui, par un système de distribution, le distribue aux consommateurs ou utilisateurs finaux. C'est pourquoi une centrale électrique peut être proche d'une localité qui n'a pas accès à l'électricité. L'énergie fournie aux consommateurs n'est rémunérée que lorsqu'elle est consommée.

4.3 DIVERSITÉS DE CONTRATS CONNEXES LIÉS AU CAE

Il existe un certain nombre de contrats connexes au CAE qui interagissent et se rapportent au financement, à la construction et à l'exploitation de la centrale électrique. Ces contrats doivent être alignés sur le CAE pour garantir une répartition équitable des risques. Par exemple, la durée du CAE doit coïncider avec la durée du prêt pour veiller à ce que ce dernier soit remboursé avant l'expiration du CAE. En outre, chacune des parties au Contrat clé en main d'Ingénierie, de Fourniture et de Construction (Contrat EPC) et au Contrat d'Exploitation et de Maintenance (Contrat O&M) devra connaître et accepter de respecter les stipulations du CAE en matière de conception, de construction et d'exploitation et de maintenance de la centrale électrique.

L'analyse des CAE entraîne une maîtrise globale du champ contractuel qui atteste de la multiplicité de contrats, de leur complexité et surtout de la nécessité de leur mise en cohérence. D'où, toute l'importance de l'approche pluridisciplinaire et de la maîtrise du modèle financier sur la base duquel tout le projet est fondé.

Dans cette panoplie de contrats liés au CAE nous pouvons citer :

- Le Contrat d'Apports en Fonds Propres qui oblige les propriétaires de la centrale électrique à faire des contributions en capital ou en

[158] *Ibidem* p. 17.
[159] Article 12 Code de l'électricité.

dette subordonnée pour financer l'*Equity*, partie non financée par des prêteurs tiers ;

- La convention de Soutien au Crédit qui peut comprendre des garanties partielles de risque (GPR (PRG)), des lettres de crédit et des garanties bancaires émises par des banques commerciales, des conventions de séquestre et le soutien financier des promoteurs ;
- L'Accord direct qui régit la relation entre les prêteurs et les parties impliquées dans le projet et qui permet, entre autres, aux prêteurs de prendre des mesures de remédiation en reprenant le projet ou en rachetant la centrale en cas de résiliation anticipée ;
- Le Contrat de raccordement qui assure la connexion de la centrale électrique au réseau d'électricité pour préparer l'évacuation de l'énergie produite ;
- Le Contrat de Fourniture de Combustible/Contrat de Fourniture à Long Terme qui assure la disponibilité du combustible en quantité, spécificité et qualité suffisante ;
- Le Contrat de Transport de Combustible prévoit le transport du combustible depuis le fournisseur de combustible jusqu'à la centrale électrique ;
- Le Contrat clé en main d'Ingénierie, de Fourniture et de Construction (EPC) qui garantit les conditions de conception de la centrale électrique, de fourniture des matériaux et équipements et la construction de la centrale électrique selon les normes et standards de l'industrie et des spécifications dans le CAE. Les obligations créées en vertu de ce contrat peuvent également être divisées en de multiples contrats comprenant un ou plusieurs de ces champs d'applications ;
- Le Contrat d'Exploitation et de Maintenance (contrat E&M) qui règle les droits et responsabilités de l'entité qui exploitera la centrale et sera chargée de sa maintenance ;
- Le Contrat de Service à Long Terme (CSLT (LTSA)) prévoit l'entretien de la centrale à intervalles réguliers pendant la durée du CAE ;

- Le Contrat de Prêt qui oblige le prêteur à mettre un prêt à la disposition du producteur pour financer la centrale électrique, ainsi que les obligations du producteur et emprunteur de respecter les divers engagements prévus au titre du contrat ;
- Contrat d'Apports en Fonds Propres qui, dans certain cas particulier, oblige les propriétaires de la centrale électrique à effectuer des apports en capital ou en dette subordonnée pour financer la partie de la centrale qui n'est pas financée par des prêteurs tiers.
- Les garanties de l'État dites garanties souveraines qui améliorent et garantissent la solvabilité de l'Acheteur et des autres entités publiques impliquées dans le projet ;
- Les lettres de crédit standby et lettre de confort.

4.4 LA BANCABILITÉ DU PROJET DE CONTRAT D'ACHAT D'ÉNERGIE (CAE)

Dans tout projet de CAE, le souci du prêteur demeure le remboursement de la dette et des intérêts qui en découlent gage du rendement financier du projet. C'est pourquoi la bancabilité du CAE est au cœur des préoccupations des parties au projet de CAE.

Elle constitue l'étape fondamentale pour financer un projet de CAE. Elle désigne l'acceptabilité d'un projet par les prêteurs après un examen réalisé sur la validation de la structure du projet comme base de financement sur le marché des prêts commerciaux. Et pour cela, il analyse les revenus générés par le projet de CAE, le scénario des risques politiques et financiers, les risques juridiques et les conditions de mise en œuvre avec l'analyse des risques liés à chaque phase du projet (développement, construction et exploitation), la technologie utilisée pour construire la centrale, les permis, les changements de loi, etc. Selon l'approche des prêteurs sur les risques qui doivent être mesurables, ils doivent avoir un contrôle sur le projet et sur les revenus générés.

Les prêteurs se basent généralement, entre autres, sur les éléments suivants pour accepter de financer un projet de CAE :

- La durée du CAE doit être longue pour permettre d'une part le remboursement de la dette pour éviter des paiements dus à l'échéance et d'autre part le refinancement du projet le cas échéant ;
- L'extension de la durée en cas force majeure ;
- Le contrat de construction clé en main dont l'achèvement prévu à date fixe ;
- L'utilisation préalable de la contribution du producteur à travers son *equity* ;
- Un tarif compétitif et déterminé de façon précise ;
- Le changement législatif bien verrouillé ;
- La sécurisation de l'approvisionnement de combustible ;
- La solvabilité de l'acheteur ;
- L'établissement des garanties de paiement ;
- La détermination de façon précise de la fréquence des paiements afin de permettre au prêteur d'alerter en cas de défaut de paiement ;
- Les paiements en devise étrangère et généralement rattachée à la devise de la dette ;
- La possibilité de prendre des sûretés sur les licences, actifs et contrats de projet ;
- La couverture des risques et des surcoûts par les polices d'assurance ;
- La maîtrise des risques politiques, juridiques et judiciaires ;
- Les lettres de conforts établis ;
- La possibilité d'ouvrir des comptes offshores.

La bancabilité d'un CAE varie d'un pays à un autre. Elle est une notion en constante évolution. Ce que le marché des prêts exige aujourd'hui dans un pays peut différer de ce qu'il acceptera demain dans le même pays.

Nous conviendrons de retenir que « le remboursement de la dette du projet et le paiement des intérêts (ainsi que certaines commissions convenues) constituent le seul rendement financier qui revient aux prêteurs. « Toutefois, étant donné que les créanciers mettent à la disposition du producteur des sommes considérables, et que le remboursement des prêts dépend exclusivement des revenus du projet, ils insisteront pour que les promoteurs et les documents de projet soient suffisamment solides pour que le projet parvienne à la mise en exploitation commerciale. Les prêteurs, comme toutes les parties, souhaitent éviter un scénario catastrophique dans lequel le projet échoue complètement, en particulier durant la phase de construction du projet. En phase d'exploitation, la préoccupation première est de faire en sorte que les revenus soient suffisants pour payer le service de la dette »[160].

C'est pourquoi il faut bien sérier les conditions de l'endettement en matière de CAE et verrouiller autant que possible la définition de la dette et les conditions de remboursement en cas de résiliation anticipée du CAE. Dans ce cas, le Client acheteur n'est pas tenu par exemple de rembourser la dette qui résulterait d'une modification aux documents de financement non approuvée par lui[161]. Aussi, en cas de rééchelonnement d'une ou plusieurs échéances, la dette ne soit couverte que si le rééchelonnement en question n'a pas été causé par un manquement du Client-acheteur à ses obligations au titre du CAE.

4.5 LES CLAUSES ESSENTIELLES DU CAE

Le Contrat d'Achat d'Électricité (CAE) est un contrat structuré en plusieurs phases : la phase de développement, la phase de construction, la phase d'exploitation et la phase de démantèlement.

Le CAE constitue un contrat particulier dont les annexes font l'objet de négociations particulières et nécessitent la présence d'une équipe technique d'ingénieurs soutenus, de juristes spécialisés en droit de l'énergie et de spécialistes financiers. Généralement, une fois que le projet initial de CAE a été rédigé, le producteur et l'Acheteur s'accordent pour commencer les négociations des différentes clauses et

---

[160] Comprendre les contrats d'achat d'électricité, p. 33 – Version 1.3 Publié sous le Creative Commons (version non commerciale, *International License* (CC BY NO SA), Editions ici : http:// go.usa.gov/FBzH.

[161] Les prêteurs on tendance de tout faire supporter par le client en cas de résiliation anticipée.

les annexes du contrat qui peuvent prendre des mois avec des versions différentes jusqu'à la version finale qui pourra faire l'objet d'avenants suite aux observations des prêteurs aux fins de rendre bancable le projet.

Il ne s'agira pas pour nous de présenter les différentes clauses mais de vous présenter certaines clauses jugées essentielles et nous annexerons pour des besoins pratiques un modèle de CAE qui peut servir de base de réflexion pour les professionnels du droit de l'énergie et de l'ensemble des acteurs. Un modèle de CAE est joint en annexe de ce chapitre pour des besoins pratiques.

Toutefois, le CAE comporte des clauses spécifiques et des clauses standards sur lesquelles nous ne nous appesantirons pas. En effet, tout projet de CAE comprend des éléments clés tels que le tarif, les modalités de paiement, les garanties dans les différentes phases, la technologie utilisée et la localisation du site, le calcul des coefficients de disponibilités, la force majeure, la confidentialité, le comptage et les questions liées à l'environnement. Ces clauses font l'objet d'âpres négociations et renvoient le plus souvent à des annexes qui feront l'objet de discussions particulières.

Toutefois, nous les présentons dans le cadre de cette réflexion de façon sommaire afin d'attirer l'attention des acteurs sur la nécessité de s'y attarder lors des négociations.

Il s'agit notamment :

LE TARIF

Le Tarif qui est conclu entre le vendeur producteur indépendant et le client gestionnaire du réseau de distribution doit être approuvé par l'organe de régulation en l'occurrence la CRSE. Tout changement de tarif doit être fait conformément aux mécanismes d'ajustement convenus non seulement dans leur accord contraignant signé et rappelé dans l'accord direct qui fixe la procédure d'audit des Vendeurs et des prêteurs.

LA FORCE MAJEURE

Il s'agit d'une clause standard dans les contrats mais il est encore plus important d'avoir des stipulations claires en ce qui concerne la force majeure dans le CAE, qui doit définir de façon précise, circonscrite sans ambiguïté aucune la signification et les conséquences attachées à la force majeure. Dans beaucoup de CAE il est prévu des types de force majeure comme la force majeure politique locale, la force majeure politique étrangère et la force majeure naturelle.

De façon générale, un CAE prévoit les modalités de notification de remédiation, les conditions d'exonération pour cas de force majeure qui peuvent s'étendre, au-delà du CAE, aux autres contrats connexes que nous avons présentés supra auxquels les parties au CAE sont également parties notamment les contrats de fourniture et de transport de combustible, le contrat de construction, d'exploitation et de maintenance ou contrat E&M, le contrat clé en main d'ingénierie, de fourniture et de construction ou contrat EPC, les Accords directs, etc.

LE RÈGLEMENT DES LITIGES

La durée souvent longue du CAE fait que son exécution peut être source de problème d'interprétation pouvant conduire à un différend dont le règlement est bien détaillé dans le contrat. Selon l'objet du litige, plusieurs mécanismes de règlement sont prévus dans le CAE aux fins d'éviter de bloquer le fonctionnement normal de la centrale et le remboursement de la dette.

Il est souvent prévu dans les CAE que les différends découlant de problèmes techniques ou financiers tels que la date de mise en service d'exploitation commerciale, le comptage, les résultats des différents types d'essais ou les questions liées à la capacité de la centrale, sont soumis à un expert indépendant souvent un spécialiste ingénieur indépendant.

Le CAE prévoit toujours une clause compromissoire d'arbitrage pour résoudre tout différend qui n'a pu être réglé à l'amiable à travers les modes alternatifs de règlement des litiges tels que la médiation ou la conciliation s'ils étaient prévus au préalable à défaut de laquelle, le litige est soumis aux tribunaux compétents.

Les règlements d'arbitrage les plus souvent utilisés dans la clause compromissoire sont notamment la Chambre de Commerce Internationale (CCI), la Cour Internationale d'Arbitrage de Londres (LCIA), le Centre

International pour le Règlement des Différends relatifs aux Investissements de la Banque Mondiale (CIRDI), la Commission des Nations Unies pour le Droit Commercial International (CNUDCI).

LA CONFIDENTIALITÉ

Le client acheteur dans le CAE est souvent une société nationale ayant un lien direct avec le politique, C'est pourquoi, les clauses de confidentialité sont d'une importance particulière pour les sujets politiques relatifs au marché de l'électricité en général. En effet, L'État et le client souhaitent garder confidentielles les incitations financières ou autres mesures mises en place pour attirer les investisseurs dans le cadre du projet initial. Il devient dès lors important pour le Client de garder très confidentielles les conditions parfois généreuses proposées dans le cadre de certains projets aux fins d'éviter de remettre en cause sa capacité de négocier des prix inférieurs pour de futurs projets. Ce désir de confidentialité doit être mis en balance avec les questions de transparence dans la gestion publique.

LE COMPTAGE

Il s'agit d'un élément important après la négociation des tarifs qui est de savoir comment mesurer l'énergie et la capacité à facturer à l'Acheteur. Ce système de comptage fait l'objet d'une annexe particulière pour définir les modalités d'étalonnage et de correction si des dysfonctionnements apparaissent.

Le Vendeur est généralement responsable de l'achat et de l'installation de compteurs pour mesurer la production de la centrale électrique mais l'acheteur doit avoir un système de double comptage pour verrouiller et minimiser les écarts.

LES CLAUSES LIÉES À LA RÉSILIATION DANS LES DIFFÉRENTES PHASES

Dans chaque phase contractuelle, nous avons une clause particulière définissant les conditions et modalités de résiliation ainsi que les conséquences rattachées à cette résiliation du fait de chaque partie.

D'AUTRES CLAUSES ESSENTIELLES LIÉES AUX EXIGENCES TEMPORELLES

Nous pouvons citer : La date d'entrée en vigueur du CAE, le délai pour lever les conditions suspensives et achever le bouclage financier, le délai pour réaliser les essais des unités de la centrale en vue de déterminer la date de mise en service d'exploitation, la date d'achèvement des installations d'interconnexion et des installations connexes, le délai de connexion de la centrale au réseau de fourniture de combustible, la date de début de fourniture de combustible, le délai de présentation et de paiement des factures le délai de réalisation des essais de capacité, les périodes de remédiation concernant les diverses violations, le délai pour l'émission de notifications de résiliation, les délais de résolution de différends.

Autres clauses essentielles : clauses de garantie de paiement et de bonne fin, les clauses liées au transport de l'électricité et de l'interconnexion au réseau, les clauses d'assurances, la clause compromissoire pour prévoir les modalités d'arbitrage en cas de litige, etc.

LES EXIGENCES ENVIRONNEMENTALES ET SOCIALES

Les exigences environnementales sont au cœur de tout projet de CAE qui engendre différentes préoccupations environnementales notamment, le déplacement des populations environnantes la gestion forestière ou aquatique, la gestion du système écologique, la pollution, le paiement des impenses. Ce dernier point résulte souvent des déplacements exigés aux personnes occupant le site et les environs du site. Ce qui entraîne des conséquences économiques comme la perte de revenus, la perte de biens ou la perte d'accès au moyen de subsistance qu'il faudra impérativement payer dans le cadre du projet. Le traitement de ces questions est au cœur des exigences des prêteurs pour accorder le financement.

Toutefois, ces préoccupations diffèrent selon les types de centrales électriques et la technologie utilisée. En effet, « les exploitants des centrales électriques au charbon doivent veiller aux niveaux d'émission de dioxyde de soufre, d'oxyde d'azote et de particules, ainsi qu'à la contamination potentielle des ressources aquatiques. De la même façon, la construction de vastes centrales hydroélectriques peut entraîner un déplacement des populations à grande échelle, la destruction de forêts, la dégradation de la qualité de l'eau et le détournement des cours d'eau, avec des incidences sur l'environnement et le système écologique.

L'implication des communautés locales impactées par le projet dans le traitement des questions environnementales est un point important à prendre en compte dans la négociation des CAE. Les prêteurs en font d'ailleurs exigence en plus des normes environnementales internationales pour rendre le projet bancable.

5 CONCLUSION

Il est souvent difficile de faire une conclusion sur un sujet que nous n'avons pas développé entièrement même si nous sommes conscient que le champ d'application du droit de l'énergie dépasse de très loin les aspects que nous avons tenté d'étudier. Toutefois, nous pouvons convenir que l'encadrement juridique de l'énergie comme système est devenu indispensable et demeure au cœur de la politique énergétique du Sénégal dans un contexte marqué par la nécessité d'asseoir l'essentiel de nos politiques de développement dans le socle énergétique.

Il appert à la lumière des différents sujets examinés que la réglementation du secteur énergétique est très technique et complexe conformément à la technicité des domaines d'activités portant notamment sur l'électricité, le pétrole, le gaz, les énergies renouvelables, le contenu local dans le secteur des hydrocarbures. Ce qui engendre une pluralité de textes législatifs et réglementaires dans le domaine de l'énergie qui n'affecte en rien l'émergence du droit de l'énergie au Sénégal. Il s'est avéré que le Sénégal a un contenu normatif suffisant, cohérent et clair permettant de mettre en place un cadre juridique clair pour faire du droit de l'énergie au Sénégal une discipline du droit propre.

Le cadre juridique et institutionnel sénégalais en matière énergétique laisse apparaitre des disciplines propres comme le droit pétrolier, le droit de l'électricité, le droit des énergies renouvelables, le droit gazier, le droit des hydrocarbures en plus d'être saisies par les branches classiques du droit aussi diversifiées que le droit administratif, le droit des obligations civiles et commerciales, le droit de l'urbanisme, le droit bancaire, le droit de l'environnement, le droit des affaires, le droit économique.

Devant cette complexité et ce semblant d'imbroglio juridique, nous avons adopté une approche pratique née d'une expérience avérée et d'un vécu pour analyser des sujets qui méritent chacun d'être développé au point d'en faire un ouvrage qui traitera tout le régime juridique afférent.

Aussi devons-nous remarquer que le secteur énergétique sénégalais a bouleversé les ordres juridiques internes et communautaires qui se basent sur les textes législatifs et réglementaires internes et les normes communautaires de la Communauté Économique des États de l'Afrique de l'Ouest et de l'Union Économique et Monétaire Ouest Africain. De même, l'élaboration des politiques publiques en général est sujette à pas mal d'influences des partenaires stratégiques internationaux qui, à travers des accords, propose à l'État d'inclure dans sa stratégie un certain nombre de réformes, de critères et d'objectifs comme le JETP *« Just Energy Transition Partnerships »* et le MCA « *Millennium Challenge Account* Sénégal ».

En définitive, s'il est vrai que même si le droit de l'énergie a toujours existé au Sénégal, il convient de préciser qu'il est en pleine évolution comme en atteste le droit de l'électricité qui a connu de très grands bouleversements en 2021 avec la fin du monopole, l'adoption d'un Code de l'électricité, l'ouverture à la concurrence de ce sous-secteur. Il en est de même avec le droit des énergies renouvelables dont les objectifs publics ne cessent d'être modifiés ou adaptés au fil du temps en considération des objectifs des partenaires internationaux à l'image du JETP. Aussi, devons-nous convenir que le droit de l'énergie est une réalité au Sénégal qui mérite d'être consolidé davantage et codifié en un seul code aux fins d'en faire une discipline propre qui sera étudiée dans les universités sénégalaises et africaines.

6 TEXTES DE RÉFÉRENCES LÉGISLATIFS ET RÉGLEMENTAIRES DU SECTEUR DE L'ÉNERGIE

6.1 DROIT DES HYDROCARBURES

TEXTES LÉGISLATIFS

- LOI N° 1998 du portant Code pétrolier
- Loi n°2019-03 du 1er février 2019 portant Code pétrolier
- Loi n°2020-06 du 7 février 2020 portant Code gazier
- Loi n°2022-09 du 19 avril 2022 relative à la répartition et à l'encadrement de la gestion des recettes issues de l'exploitation des hydrocarbures.
- Loi n°2019-04 du 1er février 2019 portant loi sur le contenu local dans le secteur des hydrocarbures

TEXTES RÈGLEMENTAIRES

PÉTROLE ET GAZ

- Décret n° 2020-2061 du 2è octobre 2020 fixant les modalités d'application de la loi n° 2019-03 du 1er février 2019 portant Code pétrolier
- Décret 2020-2061 du 27 octobre 2020 fixant les modalités d'application du Code pétrolier du 01er février 2019 ;
- Décret n° 2023-849 du 04 avril 2023 fixant les conditions et modalités d'exercices des activités segments intermédiaire et aval du secteur gazier
- Décret n° 2023-850 du 04 avril 2023 fixant les conditions de raccordement au système gazière les conditions d'accès des tiers aux

infrastructures de transformation, de transport, de distribution et de stockage du gaz

- Décret n° 2023-851 du 04 avril 2023 fixant les modalités de détermination et de révision des tarifs d'utilisation des infrastructures gazier et du prix de cession du gaz naturel provenant de la production locale

CONTENU LOCAL SECTEUR HYDROCARBURES

- Décret n° 2020-2065 du 28 octobre 2020 fixant les modalités de participation des investisseurs sénégalais dans les entreprises sénégalaises intervenant dans les activités pétrolières et gazières et classement des activités de l'amont pétrolier et gazier dans les régimes exclusif, mixte et non exclusif ;
- Décret n° 2021-249 du 22 février 2021 modifiant le Décret 2020-2065 du 28 octobre 2020 fixant les modalités de participation des investisseurs sénégalais dans les entreprises sénégalaises intervenant dans les activités pétrolières et gazières et classement des activités de l'amont pétrolier et gazier dans les régimes exclusif, mixte et non exclusif ;
- Décret n° 2020-791 du 19 mars 2020 relatif au registre des bénéficiaires effectifs
- Décret n° 2023-990 du 04 mai 2023 portant organisation et fonctionnement du Comité national de suivi du Contenu local dans le secteur des hydrocarbures et des Mines
- Décret n° 2023-991 du 04 mai 2023 fixant les modalités d'alimentation et de fonctionnement du Fonds d'appuis au développement du Contenu Local dans les secteurs des hydrocarbures et des mines (FADCL)

6.2 DROIT DE L'ÉLECTRICITÉ

TEXTES LEGISLATIFS

- Loi n°2021-31 du 9 juillet 2012 Portant Code de l'électricité
- Loi n°2021-30 du 9 juillet 2012 Portant sur la Commission de Régulation du secteur de

- La loi n° 2010-21 du 20 décembre 2010 portant loi d'orientation sur les énergies renouvelables.

TEXTES RÈGLEMENTAIRES

- Décret n° 2022-1593 du 12 septembre 2022 portant organisation et fonctionnement de la CRSE
- Décret n° 2023-286 du 07 février 2023 relatif à l'activité d'autoproduction d'énergie électrique
- Décret n° 2023-285 du 07 février 2023 relatif au projet d'électrification rurale décentralisé
- Décret n° 2023-269 du 03 février 2023 fixant les conditions et modalités de délivrance de modification, de renouvellement et de retrait des titres d'exercices dans le secteur de l'électricité
- Décret n° 2023-444 du 28 février 2023 fixant les procédures de passation des titres d'exercices relatifs aux activités réglementées dans le secteur de l'électricité
- Le décret n° 2011-2013 du 21 décembre 2011 portant application de la loi d'orientation sur les énergies renouvelables et relatif aux conditions d'achat et de rémunération de l'électricité produite par des centrales à partir de sources d'énergie renouvelable ainsi que les conditions de leur raccordement au réseau.

7 QUELQUES ÉLÉMENTS BIBLIOGRAPHIQUES EN PLUS DES TEXTES LÉGISLATIFS ET RÈGLEMENTAIRES SUS-INDIQUÉS

BABUSIAUX Denis & BAUQUIS Pierre Rene, Le pétrole. Quelles réserves, quelles productions et à quel prix ?, Académie des technologies, éd. DUNOD, 2017.

BITEAU Jean Jacque & BAUDIN François, Géologie du Pétrole, historique, genèse, exploration, ressources, éd. DUNOD, 2017.

CHEVALIER J.-M., BARBET P., BENZONI L., *Économie de l'énergie*, Dalloz 1986.

CHEVALLIER Jacques., "Regards sur une évolution", *AJDA*, 1997.

DOUMBÉ-BILLÉ S., défis énergétiques et droit international, les défis internationaux de la politique énergétique française, Lyon 3 centre de droit international, 2011 Tome 1 et Tome 2.

DUGUIT L., *Traité de droit constitutionnel*, tome II, 1928.

GRAMMATICO Laetitia, *les moyens juridiques, du développement énergétique dans le respect de l'environnement en droit français*, P.U D'AIX-Marseille, 2003.

FRISON-ROCHE M.-A., "Droit de l'énergie, droit à l'énergie", *Revue de l'énergie*, n° 509, 1999.

LAPONHCE B., JAMET B., COLOMBIER M., ATTALI S., *Maitrise de l'énergie pour un monde vivable*, ICE éditions, 1997.

MARTINEAU François, Petit Traité d'Argumentation judiciaire, Dalloz, sept. 2008.

NDAO Fary, L'or noir du Sénégal, comprendre l'industrie pétrolière et ses enjeux au Sénégal, Essai, 2018.

PERCEBOIS Jacques, *Économie de l'énergie*, Economica, 1989.

SABLIERE Pierre, Droit de l'énergie, Dalloz 2013.

TERNEYRE Philippe, Energies renouvelables-Contrats d'implantation (implantation des unités de production - Clauses suspensives, Modèles de contrats), ed. Lamy, 2010

AUTRES SOURCES

Plan Sénégal Émergent (PSE), Plan stratégique du gouvernement du Sénégal élaboré pour asseoir le cadre de référence des politiques de développement du Sénégal visant à conduire le pays sur la voie de l'Émergence à l'horizon 2035.

Comprendre les contrats d'achat d'électricité – Version 1.3 Publié sous le Creative Commons (version non-commerciale, *International License* (CC BY NO SA), Éditions ici : http:// go.usa.gov/FBzH

Les contrats de partenariat, Législation et réglementation, les éditions des Journaux officiels, DAJ, 2013

Rapport 2023 de L'Agence International de l'Énergie (AIE).

Lettre de Politique de Développement du Secteur de l'Énergie (LPDSE) 2019-2023 du 20 Ao.t 2019, https://energypedia.info/images/6/64/Cadre_politique_Lettre_de_Politique_de_d%C3%A9veloppement_du_Secteur_de_l%27%C3%A9nergie.pdf

Contributions des OSC dans la réflexion prospective sur les choix économiques et écologiques, Notes de synth.se des panels, Octobre-Novembre 2021, www.legsafrica.org

Voies vers la transition énergétique, Sénégal, fiche d'information novembre 2021, www.eiti.org

Note synthétique, stratégie Gas to Power. Le gaz naturel : instrument majeur pour l'atteinte de l'objectif d'électrification universelle. moindre cout, Décembre 2018.

Revue mi-parcours de la mise en œuvre de la Lettre de Politique de Développement du Secteur de l'Énergie (2019-2023), Rapport final. https://energypedia.info/wiki/File:Cadre_politique_RMP_LPDSE_2019-2023_VF.pdf

Lettre de Politique de Développement du Secteur de l'Énergie, Octobre 2012. https://www.crse.sn/sites/default/files/2017-04/LettrePolitique-2012.pdf

https://cadastrepetrolier.sec.gouv.sn/map

https://www.mcc.gov/where-we-work/program/senegal-power-Compact#:~:text=The%20five-year%2C%20%24550%20million%20MCC%20Power%20Compact%2C%20between,to%20addresses%20these%20significant%20constraints%20to%20economic%20growth

8 ANNEXE : MODÈLES DE CONTRATS

Les modèles de contrat présentés ci-dessous proviennent de la pratique contractuelle dans le secteur de l'énergie consacrée par les acteurs ou les institutions.

Plusieurs autres types de contrats pourraient être présentés notamment les contrats de financement des projets énergétiques, les contrats de crédit export ou de crédit import, les garanties gouvernementales, les accords directs, les contrats de partenariat public-privé, les contrats de crédit-bail, les contrats d'accès au réseau les contrats de raccordement qui sont tous des modèles utilisés dans les projets énergétiques.

Dès lors, cette pluralité de types de contrats utilisés dans le domaine énergétique nous pousse à faire un choix qui témoigne de notre parcours professionnel. En effet, les contrats de recherche et de partage de production (CRPP) sous l'empire du Code pétrolier de 1998 qui sont publics et disponibles en ligne, ne seront pas annexés au présent ouvrage. En raison du nombre de pages qui dépassent une centaine, nous nous contenterons de mettre uniquement la nomenclature contractuelle des CRPP sous l'empire du Code pétrolier de 2019. Il en sera aussi des Contrats d'Achat d'Électricité (CAE) dont la présentation des différentes clauses témoigne de la complexité et de la technicité.

Cependant, deux modèles de contrat seront reproduits : l'un découle des exigences du Contenu local régies par la Loi n° 2019-01 sur le Contenu local dans le secteur des hydrocarbures du 1er février 2019 et le décret n° 2020-2065 du 28 octobre 2020 fixant les modalités de participations des investisseurs dans les entreprises intervenant dans les activités pétrolières et gazières et classement des activités de l'amont pétrolier et gazier dans les régimes exclusif, mixte et non exclusif. En effet la convention de groupement d'entreprises est exigée à défaut de mettre en place une joint-venture dans le cadre du régime mixte[162] ; l'autre modèle de contrat est le contrat d'autoproduction de vente de surplus d'électricité qui est d'actualité avec le développement des énergies renouvelables utilisées par des producteurs indépendants et des industriels qui pourront vendre leur surplus au gestionnaire du réseau électrique. Ce contrat est encadré par le nouveau Code de l'électricité adopté par la loi n° 2021-31 du 31 juillet 2021.

Toutefois, étant la loi des parties, les contrats ci-dessous ne sont pas de modèles figés et ne peuvent être considérés non plus comme des contrats d'adhésion. Dès lors, conformément à la liberté contractuelle, les parties peuvent apporter des modifications, adaptations, aménagements, suppressions en fonction du projet, du contexte et des considérations techniques opérationnelles dans la limite accordée par le droit positif.

Ces contrats sont destinés aux praticiens, aux investisseurs, aux avocats, aux étudiants qui pourront s'en inspirer.

8.1 MODÈLE DE CONTRAT D'ACHAT D'ÉLECTRICITÉ (CAE)

8.1.1 Énergie renouvelable

CONTRAT D'ACHAT D'ÉLECTRICITÉ

CENTRALE SOLAIRE DE (LIEU) DE XXXX MWc

TABLE DES MATIÈRES

[162] Cf. politique de contenu local étudiée en infra.

THERMIQUE

CONTRAT D'ACHAT D'ÉLECTRICITÉ

Centrale Thermique de XXX

D'UNE PUISSANCE DE 100 MW

COMMUNE DE DAGANA

Table des matières

8.2 MODÈLE DE CONTRAT D'AUTOPRODUCTION (VENTE SURPLUS ÉNERGIE)

MODÈLE DE CONTRAT D'ACHAT DU SURPLUS D'ÉNERGIE ÉLECTRIQUE

PRODUITE À PARTIR D'ÉNERGIES RENOUVELABLES

ET LIVRÉE SUR LE RÉSEAU MOYENNE TENSION

Il est conclu le présent contrat d'achat de surplus d'énergie électrique d'origine renouvelable

Entre

[La société [●], une société ***[●]*** *de droit sénégalais, au capital social de* ***[●]****, dont le siège social est sis* ***[●]****, République du Sénégal, immatriculée au Registre du Commerce et du Crédit Mobilier de* ***[●]*** *sous le numéro* ***[●]****, représentée par* ***[●]****, dûment habilité aux fins des présentes,]*

ci-après dénommé « l'Exploitant de réseau »

Et

[La société [●], une société ***[●]*** *de droit sénégalais, au capital social de* ***[●]****, dont le siège social est sis* ***[●]****, République du Sénégal, immatriculée au Registre du Commerce et du Crédit Mobilier de* ***[●]*** *sous le numéro* ***[●]****, représentée par* ***[●]****, dûment habilité aux fins des présentes,]*

[ou, dans le cas où l'Auto producteur est une personne physique :]

[Madame/Monsieur [●]], domicilié(e) à ***[●]*** *(Sénégal), titulaire de la carte nationale d'identité n^0* ***[●]*** *sous le numéro* ***[●]****,*

ci-après dénommé « l'Autoproducteur »

*Ensemble dénommées les « **Parties** » et individuellement et indistinctement par le terme la « **Partie** ».*

ÉTANT PRÉALABLEMENT EXPOSÉ QUE :

(A) La loi n° 2021-31 du 31 juillet 2021 portant sur le Code de l'électricité consacre en son article 25 le principe de l'autoproduction d'énergie électrique des énergies conventionnelles comme le gaz ou les énergies renouvelables.

*(B) Afin d'encourager le développement des énergies renouvelables, la loi n° 2010-21 du 20 décembre 2010 portant loi d'orientation sur les énergies renouvelables (« **Loi 2010 sur l'Énergie Renouvelable** »), prévoit la vente du surplus de production d'origine renouvelable à l'Exploitant de réseau.*

*Ainsi, la loi 2010 sur l'Énergie Renouvelable susvisée, notamment en son article 14, précise que les tarifs d'achat, de vente et de rémunération de l'électricité produite à partir des sources d'énergies renouvelables sont fixés par Décision de la Commission de Régulation du Secteur de l'Électricité (**CRSE**). En application de ladite loi, le Décret n° 2011-2014 du 21 décembre 2011 relatif aux conditions d'achat et de rémunération du surplus d'énergie résultant d'une production pour consommation propre dispose que le prix d'achat garanti du surplus d'énergie produite par les autoproducteurs est déterminé en fonction des différentes gammes de puissance et de la technologie utilisée.*

(C) Sur ces fondements, la CRSE a pris la Décision n° 2018-09 du 31 octobre 2018 relative aux prix d'achat du surplus d'énergie électrique d'origine renouvelable résultant d'une production pour consommation propre.

(D) Les Parties souhaitent collaborer dans le cadre du présent contrat par lequel l'Autoproducteur vendra le surplus de sa production à l'Exploitant de réseau conformément aux dispositions en vigueur.

Ceci étant exposé, il a été arrêté ce qui suit :

Article 1- Définitions

Pour l'application du présent contrat (ci-après désigné « ***Contrat*** *»), les termes et expressions suivants ont la signification qui leur est donnée ci-dessous :*

« ***Autoproducteur*** *» désigne toute personne physique ou morale, qui produit de l'électricité d'origine renouvelable destinée principalement à sa propre consommation, et injecte sur le réseau public de distribution d'électricité, notamment Moyenne Tension, le surplus ou excédent de production qu'il n'aura pas consommé, ce en contrepartie d'un tarif que l'Exploitant de réseau lui applique sur la base des prix définis par les lois et règlements applicables ;*

« Cahier des charges » *désigne l'annexe 1 du présent contrat* ***;***

« Date d'Entrée en vigueur » *désigne les conditions ci-après ;*

Signature du présent Contrat par les Parties ;

Réception des ouvrages de raccordement au réseau de l'Exploitant ;

Souscription à un contrat d'abonnement auprès de l'Exploitant de réseau par l'Autoproducteur ;

« Moyenne Tension » *désigne la tension du réseau de distribution supérieure à 1000 V et inférieure à 50.000 V.*

« Distribution » *désigne la distribution de l'énergie électrique. S'entend de toute exploitation d'un réseau de distribution destiné à fournir l'énergie électrique depuis les points d'alimentation du réseau de distribution jusqu'aux usagers finaux ;*

« Énergie livrée » *désigne l'énergie injectée par l'Autoproducteur sur le réseau Moyenne Tension ;*

« Énergie fournie » *désigne l'énergie fournie à l'Autoproducteur en tant que client de l'Exploitant de réseau ;*

« Exploitant de réseau » *désigne l'opérateur concessionnaire du service public gérant un réseau de distribution d'électricité servant à l'alimentation de consommateurs finaux. Les Exploitants de réseaux sont des exploitants des réseaux à basse, moyenne ou haute tension ;*

« Installations de Production » *désigne les installations, équipements et accessoires destinés à la production d'énergie électrique à partir de sources d'énergies renouvelables aux fins d'autoconsommation ;*

*« **Mise en service** » désigne l'opération par laquelle l'Autoproducteur injecte dans le réseau de l'Exploitant de réseau à des fins commerciales, dans les conditions définies à l'article 7 du présent Contrat ;*

*« **Moyenne Tension** » désigne la tension du réseau de distribution supérieure ou égale à 1000 V et inférieure à 50 000 V ;*

*« **Point de livraison** » désigne le point de branchement des compteurs du côté de l'installation interne de l'Autoproducteur. Le point de livraison est unique ;*

*« **Point de raccordement** » désigne le point où s'effectue la connexion de l'Installation de production au réseau Moyenne Tension ;*

*« **Production d'énergie électrique** » désigne la production elle-même ainsi que de toute activité auxiliaire de transport jusqu'aux Points de livraison des réseaux de transport ou de distribution ;*

*« **Règlement de Service** » désigne le document qui établit les conditions de fourniture d'électricité entre l'Exploitant de réseau et ses clients ;*

*« **Réseau** » désigne la totalité des équipements techniques interconnectés servant à transporter et/ou à distribuer l'électricité aux fins de l'approvisionnement général en électricité.*

*« **Système de comptage** » désigne l'ensemble des appareils et accessoires de mesure de l'énergie électrique ; et*

*« **Transport** » désigne le transport de l'énergie électrique. S'entend de toute exploitation d'un réseau de transport destiné à la conduite de l'énergie depuis les sources de production jusqu'aux Points de raccordement du réseau de distribution.*

2. OBJET DU CONTRAT

2.1 Le présent contrat a pour objet de définir les conditions et modalités techniques, juridiques et financières par lesquelles l'Exploitant de réseau achète à l'Autoproducteur, qui l'accepte, l'excédent de production d'électricité généré par ses Installations de Production, sous réserve toutefois du respect par les Parties de la limite de capacité d'absorption du réseau Moyenne Tension, auquel sera raccordé ladite Installation de Production, conformément aux lois et règlements applicables.

2.2 Ce contrat porte exclusivement sur l'Énergie livrée à partir d'un seul Point de Livraison sur le réseau Moyenne Tension.

3. Puissance installée

3.1 L'Autoproducteur fixe à l'Annexe 1 du présent Contrat la puissance installée de son Installation de Production. La puissance souscrite doit être conforme aux seuils prévus par les dispositions réglementaires, en vigueur.

3.2 L'Autoproducteur doit informer l'Exploitant de réseau par écrit et obtenir au préalable son accord pour toute modification de son Installation de Production et notamment la puissance installée.

4. Engagements des parties

4.1 Engagements de l'Autoproducteur

L'Autoproducteur s'engage à :

– Souscrire au plus tard à la date de signature du présent Contrat, l'ensemble des conventions nécessaires avec l'Exploitant de réseau, notamment un contrat d'abonnement, et demeure responsable des conséquences techniques et financières liées à sa qualité de consommateur et d'usager du réseau de distribution d'électricité ;

– ne pas facturer à l'Exploitant de réseau l'énergie électrique provenant d'une installation autre que l'Installation de Production, dans les conditions de raccordement exposées en Annexe 1 ;

– vendre la totalité de l'excédent d'énergie à l'Exploitant de réseau ;

– exploiter une Installation de Production dont les caractéristiques (comprenant notamment la puissance maximale installée) sont celles indiquées à l'Annexe 1 ;

– autoriser à l'Exploitant de réseau à effectuer une visite de vérification de ses installations afin de s'assurer que sa puissance installée est conforme à celle déclarée et décrite à l'annexe 1 du présent Contrat ceci, pour toute la durée du Contrat et à tout moment.

– Informer l'Exploitant de réseau, par écrit, de toute évolution des caractéristiques de l'Installation de Production relatives à l'accès au réseau, des modifications éventuelles de l'Installation de Production

susceptibles d'avoir une incidence sur les caractéristiques de l'installation ou sur le tarif d'achat du surplus, d'une éventuelle suspension ou résiliation de son contrat d'accès au réseau et de l'arrêt définitif de l'activité de l'Installation de Production, ce au plus tard un mois avant l'arrêt définitif prévu ;

– informer par écrit, l'Exploitant de réseau sous 48h de tout arrêt programmé de ses installations. Toute coupure non prévue de l'Installation de Production, du fait d'une panne devra donner lieu, à bref délai, à toute explication utile de la part de l'Autoproducteur sur les causes de la coupure, sa durée, les moyens d'y remédier et les éventuelles précautions à prendre

– assurer la maintenance et l'exploitation de l'Installation de Production.

L'Autoproducteur assume les charges et impôts qui lui incombent au titre de la réglementation en vigueur.

Mettre en place un dispositif de communication efficient pour le Dispatching en cas de besoin

4.2 Engagements de l'Exploitant de réseau

L'Exploitant de réseau s'engage à rémunérer l'Autoproducteur pour le surplus d'Énergie livrée en dehors des éventuelles périodes de suspension du Contrat, et sous réserve de la nécessité de préserver le bon fonctionnement du réseau.

Si le réseau ne peut absorber toute l'énergie d'origine renouvelable offerte, sans mettre le réseau public en danger, l'Exploitant de réseau peut demander le découplage des Installations de Production de l'Autoproducteur ou demander à ce dernier de réduire l'énergie électrique injectée au point d'achat. Il est tenu d'informer l'Autoproducteur, dans les plus brefs délais, de ces mesures.

L'Exploitant de réseau s'engage à contrôler et/ou étalonner le(s) compteur(s) au point de Livraison, au moins une fois par an.

Article 5 - Responsabilité des parties

Chaque Partie sera responsable des dommages de toute nature que ses ouvrages occasionneraient aux personnels, aux ouvrages et équipements de l'autre Partie et aux tiers.

Dans ce cas, la Partie s'estimant lésée devra prouver que ce manquement, faute ou omission est directement imputable à l'autre Partie et justifier des préjudices subis.

La responsabilité d'une Partie ne pourra être mise en cause, et aucune indemnité ne sera due dans les cas suivants :

– fait d'une Partie (y compris l'inexécution des obligations mises à sa charge au titre du Contrat) mettant l'autre Partie dans l'impossibilité matérielle d'exécuter ses obligations au titre du Contrat,

– fait d'un tiers, notamment l'Exploitant du réseau, mettant l'Autoproducteur dans l'impossibilité matérielle d'exécuter ses obligations au titre du Contrat et vice versa,

– tout vice ou défaillance de l'Installation de Production relevant des garanties contractuelles ou responsabilités légales des constructeurs ou fournisseurs,

– toute atteinte à l'environnement étrangère à l'activité de l'Autoproducteur,

– tous les cas de force majeure tels que définis à l'article 16 du présent Contrat.

Article 6 - Assurances

6.1 Obligation d'assurances

L'Autoproducteur est tenu de souscrire les polices d'assurance, afin de couvrir les risques liés à l'utilisation des Installations de Production. Ces polices doivent être souscrites à la plus proche des deux dates suivantes :

– dans le mois qui suit l'entrée en vigueur du présent contrat si les Installations de Production sont préexistantes au Contrat ; ou

– dans le mois qui précède leurs mises en service si les ouvrages sont à construire.

6.2 Modalités de souscription

L'Autoproducteur souscrira obligatoirement ses contrats d'assurance auprès d'assureurs notoirement solvables installés au Sénégal conformément à l'article 308 du Code CIMA.

6.3 Information – Notification

L'Exploitant de réseau peut à tout moment adresser à l'Auto-producteur une demande de transmission des copies des polices souscrites et des preuves de leur validité ou renouvellement. L'Auto-Producteur répond à la requête et transmet les documents pertinents dans les cinq (5) jours ouvrés suivant la date de réception de la demande.

Article 7 - Conditions de mise en service et de fourniture de l'énergie

Les conditions de fourniture de l'énergie sont définies à l'Annexe 2 du présent Contrat

La livraison à l'Exploitant de réseau du surplus de l'énergie électrique, ne peut commencer qu'après la remise des documents prévus à l'annexe 1 du présent Contrat, et la satisfaction de toutes les conditions suivantes :

- *la réception technique de l'Installation de Production ;*
- *la réception technique par l'Exploitant de réseau du Poste de Livraison de l'Autoproducteur ; et*
- *la remise des quittances d'assurance requises.*

En cas d'incidents, ou pour toute raison urgente exigeant l'arrêt de l'injection d'énergie électrique sur le Réseau, l'Exploitant de réseau sera en droit de prendre les mesures nécessaires indiquées dans le Cahier des Charges.

L'Exploitant de réseau et l'Autoproducteur coordonneront annuellement et conformément au Cahier des Charges les arrêts programmés. Pour les interruptions non programmées suite à des incidents sur le Réseau, l'Exploitant de réseau s'efforce de rétablir la situation.

Article 8 - Système de comptage

8.1 Compteurs

Option 1 : Le surplus de production est mesuré et comptabilisé par un compteur bidirectionnel installé par l'Exploitant de réseau.

Option 2 : Le présent Contrat sera géré par des systèmes de comptage tels que définis par le Cahier des Charges à l'Annexe 1.

Pour les besoins de facturation, l'Autoproducteur et l'Exploitant de réseau s'accordent à utiliser un système de comptage intelligent de télérelève.

En cas de non-disponibilité de la télérelève ou pour des raisons de contrôle, les données de comptage seront relevées sur site par l'Autoproducteur et l'Exploitant de réseau contradictoirement et mensuellement au même instant.

Les données relatives au comptage de toute l'énergie électrique produite par les Installations de Production devront être, à tout moment, accessibles au niveau du Poste de Livraison et vérifiable immédiatement par l'Exploitant de réseau et sans une quelconque intervention de l'Autoproducteur.

Les frais de pose de ce compteur spécial ainsi que les frais d'entretien sont exposés par l'Exploitant du réseau à l'Autoproducteur, qui les supporte.

8.2 Maintenance et incidents de compteurs

Avant la Mise en Service, l'Autoproducteur fait installer, tester et mettre en service à ses propres frais le Système de Compteurs au Point de Livraison conformément à l'Annexe 2.

À partir de la date de mise en service des Installations de Production, l'Autoproducteur assure la maintenance et l'entretien des Installations de production, de manière à permettre une production et une livraison conforme aux conditions du présent contrat.

En cas de requête particulière de l'une des Parties concernant l'intégrité de l'un des compteurs indiqués dans le Cahier des Charges, les coûts d'essais et d'étalonnage des compteurs seront supportés par la Partie requérant lesdits essais et étalonnages, si l'appareil vérifié est reconnu conforme aux prescriptions du Cahier des Charges et que les écarts sont dans les limites de la classe de précision indiquée aux Conditions particulières du Contrat.

En cas d'arrêt ou de fonctionnement défectueux des appareils de mesures, une estimation de l'Énergie livrée est effectuée sur la base des historiques d'injection de l'Autoproducteur. Dès réparation ou remplacement du compteur, un ajustement sera effectué, s'il apparaît que la consommation réelle diffère en hausse ou à la baisse de l'estimation fondée sur l'historique.

Une facture complémentaire sera alors émise par l'Autoproducteur.

8.3 Remplacement des compteurs

Le remplacement d'un compteur, doit intervenir dans un délai maximal de deux (2) périodes de facturation (2 mois calendaires), sauf cas de force majeure ou difficultés spécifiques exposées à l'Exploitant réseau et acceptées par lui.

8.4 Transfert de Propriété

Le transfert de propriété de l'électricité s'opère au point de livraison tel que convenu par le Contrat (préciser Annexe ou article). Tous les risques associés sont transférés de l'Autoproducteur à l'Exploitant de réseau dès là la date du transfert de la propriété de l'électricité.

Article 9 - Prix de fourniture de l'énergie

L'AutoProducteur cédera son électricité excédentaire à l'Exploitant de réseau au tarif en vigueur au moment de la signature du contrat, fixé par la Commission de Régulation du Secteur de l'Énergie (CRSE).

Article 10 - Facturation

10.1 Quantités facturées

Les quantités d'Énergie livrées par l'Autoproducteur à l'Exploitant de réseau seront mesurées conformément aux stipulations de l'Article 8 du présent contrat.

Les factures de l'Énergie livrées sont établies par l'Autoproducteur et transmises à l'Exploitant de réseau. Ces factures seront établies mensuellement et transmises à l'Autoproducteur à son nom avant le quinze (15) de chaque mois pour le mois précédent.

10.2 Contestation des Parties

Si l'Exploitant de réseau conteste l'exactitude de tout ou partie d'une facture soumise par l'Autoproducteur, il effectue préalablement le paiement sur la partie non contestée. L'Exploitant de réseau soumet ensuite, au plus tard dans les quinze (15) jours suivant la réception de la facture, une déclaration écrite détaillant l'élément contesté. Si les Parties ne s'accordent pas sur l'exactitude du montant de la facture, ledit litige sera soumis pour résolution conformément aux dispositions de l'Article 17 du présent contrat.

À compter de la résolution d'un Différend ou de sa détermination par un Expert, tout montant réglé, mais à propos duquel les Parties ont convenu ou l'Expert a déterminé qu'il n'était pas dû à l'Autoproducteur, doit être remboursé par l'Exploitant réseau dans un délai de trente (30) jours. Si le remboursement n'intervient pas dans les trente (30) jours, l'Autoproducteur devra inclure ce montant dans la prochaine facture mensuelle.

Article 11 - Modalités de paiement

Les factures de l'énergie livrée sont libellées en hors taxe en application des dispositions de l'article 361-27 du Code général des impôts modifié.

Les factures de l'Énergie livrée sont payées par l'Exploitant de réseau à l'Autoproducteur dans un délai de soixante jours (60) à compter de la date de réception desdites factures.

En cas de défaut de paiement à l'échéance, un taux d'intérêt égal au taux d'intérêt légal majoré de 2 points sera appliqué.

Les montants dus par l'Exploitant de réseau sont payés par [(à préciser les moyens de paiement)].

Article 12 - Date d'entrée en vigueur et durée du contrat

Le présent contrat entre en vigueur :

OPTION 1 : à la date de réalisation de la condition suspensive constatée par l'Exploitant de Réseau. Cette condition suspensive est : [●].

OPTION 2 : le présent contrat entre en vigueur à compter de la date de la réception des ouvrages de raccordement par l'Exploitant de Réseau.

OPTION 3 : le présent contrat entre en vigueur à la date de sa signature.

Il a une durée de [●] ([●]) ans à compter de la date de sa signature.

Commentaires : La durée maximale est de vingt (20) ans. La durée effective sera déterminée par la durée des amortissements des investissements. Prévoir une plus courte durée surtout en l'absence de révision du prix.

Ce présent contrat pourra être renouvelé notamment par l'envoi d'une notification écrite donnée au plus tard six (6) mois avant l'expiration de la durée ci-dessus prévue par l'une des Parties à l'autre, et manifestant son intention de renouveler le contrat.

Article 13 – Substitution - cession du contrat

L'Autoproducteur peut céder le contrat, après accord de l'Exploitant de réseau, à un tiers, qui bénéficie de plein droit, à ce titre, des clauses et conditions du Contrat, pour la durée restant à courir.

Un avenant au Contrat est alors conclu en ce sens. La cession du Contrat prend effet à la date prévue par les parties à l'avenant.

Le Contrat est cédé dans toutes ses stipulations, sans limitation ou réserve d'aucune nature.

Le Contrat est transféré à toute entité qui se substituerait dans le temps à l'Exploitant de réseau, pour quelque cause que ce soit (application d'un texte légal ou réglementaire, fusion, scission, transfert d'actif ou changement de contrôle).

Article 14 - Confidentialité

Le présent contrat dans sa globalité et son contenu, ainsi que tous les documents, études et informations, de quelque nature qu'ils soient et sur quelque support qu'ils se trouvent, relatifs à une Partie ou lui appartenant et qui sont, directement ou indirectement communiqués, divulgués, ou qui viendraient à la connaissance de l'autre Partie à l'occasion de son exécution, seront considérés comme strictement confidentiels.

Chaque Partie s'interdit par conséquent de les communiquer, de les utiliser ou d'en dévoiler l'existence et/ou le contenu à quiconque, directement ou indirectement, en totalité ou en partie, à des fins autres que celles afférentes au Contrat, sauf les autorités habilitées à connaître le présent contrat et sur consentement préalable et écrit de l'autre Partie.

De même, chaque Partie se porte fort du respect du présent engagement de confidentialité par son personnel, occasionnel ou permanent, et par les tiers dûment autorisés.

Les stipulations du présent article resteront valables entre les Parties après l'expiration du présent contrat.

Article 15 - Révision – avenant

Le présent contrat peut être modifié d'un commun accord des Parties, par avenant.

Toute modification de la législation ou de la réglementation régissant la production d'électricité à partir d'énergies renouvelables s'applique au présent Contrat dès la date de son entrée en vigueur.

Article 16 – Force majeure – suspension

16.1 Cas de force majeure

16.1.1 Définition Cas de force majeure

Est considéré comme cas de force majeure tout événement présentant un caractère à la fois imprévisible, irrésistible et extérieur à la volonté de la Partie qui s'en prévaut empêchant la Partie qui en est affectée d'exécuter tout ou Partie des obligations mises à sa charge par le présent contrat tels que :

Les phénomènes naturels dont l'intensité est inhabituelle au pays notamment les inondations, incendies, tempêtes, explosions, foudres, glissements de terrain ou tremblements de terre ;

Épidémie, guerre, révolution, révolte, émeutes ou blocus ;

Grèves à l'exception de celles du personnel du titulaire ;

16.1.2 Restrictions gouvernementales.

La Partie affectée devra, dans les 24h, envoyer une notification à l'autre Partie. En pareil cas, le temps requis pour la Partie affectée, pour remplir les engagements et obligations qui lui sont dévolus sera prolongé pour une période égale à la durée de la Force majeure, et il ne sera appliqué aucune réparation, pénalité ou sanction au titre de ce report.

16.2 Effets Cas de force majeure

Nonobstant l'avènement de la force majeure, les deux (2) Parties doivent tenter, par tous moyens de continuer à remplir leurs obligations au titre du présent contrat, et la Partie affectée doit rechercher tous les moyens alternatifs raisonnables pour exécuter ses obligations.

Toutefois, la Partie qui n'est pas affectée par l'évènement de force majeure aura le droit de suspendre ses propres obligations, qui en sont la contrepartie lorsque l'autre Partie est dans l'impossibilité totale de remplir ses obligations.

À la fin d'un événement de force majeure, la Partie ayant invoqué l'événement de force majeure devra reprendre immédiatement ses activités conformément au présent contrat et notifier à l'autre Partie la fin de l'événement de force majeure.

16.3 Suspension du Contrat

Le présent contrat peut être suspendu, en cas de manquement grave de l'Autoproducteur à ses obligations contractuelles et notamment en cas de non-exécution par l'Autoproducteur des actions correctives nécessaires sur ses Installations de Production.

Le présent contrat peut être suspendu en cas de résiliation du contrat d'abonnement de l'Autoproducteur auprès de l'exploitant de réseau.

La suspension du contrat peut intervenir dans un délai de trente (30) jours après non-renouvellement du contrat d'abonnement, constat et mise en demeure de l'Autoproducteur.

Toutefois, la suspension du présent Contrat ne peut excéder une durée de six (06) m

Article 17 - Résiliation

17.1 Résiliation par l'Auto-Producteur

L'Autoproducteur a le droit de résilier le présent contrat après une mise en demeure infructueuse lorsque trois (03) factures demeurent sans règlements.

L'Autoproducteur résilie le contrat en cas de liquidation judiciaire, de dissolution volontaire ou judiciaire, par un préavis de trente (30) jours calendaires notifié par lettre recommandée avec accusé de réception ou lettre contre décharge.

17.2 Résiliation par l'Exploitant réseau

En cas de manquement grave de l'Autoproducteur à ses obligations contractuelles, suivi ou non d'une période de suspension comme indiquée ci-dessus, l'Exploitant de réseau est en droit de résilier le présent contrat, après mise en demeure notifiée par lettre recommandée avec accusé de réception ou lettre contre décharge demeurée infructueuse pendant un délai de soixante (60) jours calendaires.

Avec effet immédiat en cas de décès, (si l'Autoproducteur est une personne physique),

Si un jugement a été rendu en vue de la fermeture, de la liquidation, du règlement préventif, du redressement judiciaire ou de la dissolution de l'Autoproducteur, si l'Autoproducteur est une personne morale (dans chacun de ces cas, le cas échéant, que ce jugement soit provisoire ou définitif, volontaire ou contraignant) ;

Si l'Autoproducteur n'effectue pas la mise aux normes des Installations dans les délais conformément à l'Annexe 1, par un préavis écrit de dix (10) jours calendaires ;

Si l'Installation de production est détruite pour quelque cause que ce soit, par un préavis d'un mois à compter de la date d'expertise ou du constat d'accord relatif à l'impossibilité pour l'Installation de

Production de produire et de transférer l'énergie pour une période supérieure à [●] mois ;

En cas de décès ou de mise en liquidation judiciaire du Vendeur par une décision de justice définitive ;

L'Exploitant de réseau peut résilier le présent contrat en absence de toute faute de l'Autoproducteur, ou de cas de force majeure. L'Exploitation de réseau notifie sa décision de résilier avec un préavis de six (6) mois, par lettre contre décharge ou lettre recommandée avec accusé de réception. L'Autoproducteur reçoit dans ce cas une indemnité de fin de contrat.

Cette indemnité sera versée au plus tard à la date d'effet de la résiliation du présent contrat.

17.3 Indemnité de résiliation

À l'exception des cas prévus au 17.2 du présent Contrat et pour tout autre fait imputable à l'Autoproducteur, l'Exploitant réseau verse à l'Auto-producteur une indemnité dont le montant est calculé selon les modalités exposées à l'Annexe 3 du présent contrat.

Article18 – Changement de lois

Si un changement de circonstance économique, technique ou juridique, imprévisible, intervient après la signature du présent Contrat, dans une mesure significative qui bouleverse l'équilibre contractuel, impactant onéreusement une Partie, celle-ci peut demander une modification et une proposition d'ajustement des dispositions du Contrat à son cocontractant. Elle continue à exécuter ses obligations durant la renégociation.

En cas de refus ou d'échec de la renégociation, le différend sera tranché conformément aux dispositions de l'article 20 du présent Contrat.

Article 19- invalidité d'une clause

L'invalidité d'une disposition du présent Contrat n'affectera pas l'applicabilité et la validité des autres dispositions ou du Contrat dans sa globalité.

Article 20 - Loi applicable et règlement des différends

Les stipulations du présent contrat sont régies par le droit Sénégalais.

Pour tous différends découlant du présent contrat, les Parties conviennent de rechercher une solution à l'amiable, notamment auprès de la Commission de Régulation du Secteur de l'Électricité, dans les trente (30) jours à compter de la réception d'une lettre recommandée avec avis de réception ou lettre contre décharge, notifiée par l'une des Parties à l'autre. Si au terme de ce délai, les Parties ne parviennent pas à un accord, le litige sera, alors soumis à l'arbitrage sous l'égide du Centre d'Arbitrage de Médiation et de Conciliation de Dakar et définitivement tranché suivant son Règlement d'Arbitrage.

Article 21 - Élection de domicile

Pour l'exécution des présentes stipulations, les Parties doivent être domiciliées aux adresses indiquées comme suit :

Pour l'Exploitant réseau : [●]

À l'attention de : [●]

Adresse : [●]

Téléphone : [●]

E-mail : [●]

Pour l'Auto-Producteur : [●]

À l'attention de : [●]

Adresse : [●]

Téléphone : [●]

E-mail : [●]

Article 22 - Annexes au contrat

Les documents suivants sont des annexes au Contrat et en font partie intégrante :

Exigences techniques pour le raccordement au Réseau Moyenne Tension et l'Injection du Surplus d'Énergie Produite ;

Liste des documents à fournir ;

- *Modalités d'Indemnisation de l'Autoproducteur ;*
- *Un descriptif des Installations de Production ;*
- *Le plan de situation des Installations de Production, indiquant la limite de propriété ;*
- *Un schéma électrique des Installations de Production, explicitant le système de production d'électricité et décrivant les circuits de distribution ;*
- *Le descriptif technique d'éventuelles sources autonomes d'électricité pouvant, le cas échéant, alimenter tout ou partie des circuits électriques normalement alimentés par les Installations de Production ;*
- *Le descriptif technique des équipements de mesure et de comptage de l'électricité produite par les Installations de Production et de l'Énergie injectée sur le Réseau par cette même Installation de Production ;*
- *Une copie du registre de commerce de l'Autoproducteur ;*
- *Étude détaillée de raccordement des Installations de Production et d'évacuation de l'électricité produite sur le Réseau ;*
- *Le procès-verbal de réception technique des Installations de Production par l'Exploitant de réseau et l'Autoproducteur ;*
- *Le procès-verbal de réception technique du Poste de Livraison par l'Exploitant de réseau et l'Autoproducteur ;*
- *Une attestation d'assurance couvrant les polices d'assurance requises, le cas échéant.*

Fait à ………………, le………………

En quatre (04) exemplaires originaux faisant tous foi.

Pour l'Exploitant de réseau ***Pour l'Autoproducteur***

REPUBLIQUE DU SENEGAL
Un Peuple - Un But - Une Foi

SOUS L'EMPIRE DU CODE PÉTROLIER DE 2019

PETROSEN

8.1 MODÈLE DE CONTRAT DE RECHERCHE ET DE PARTAGE DE PRODUCTION SOUS L'EMPIRE DU CODE PÉTROLIER DE 2019

SOMMAIRE

8.2 MODÈLE DE CONVENTION DE GROUPEMENT D'ENTREPRISES (CONTENU LOCAL

CONVENTION DE GROUPEMENT D'ENTREPRISES (CONTENU LOCAL)

ENTRE

XXXX SERVICES

ET

YYYY OFFSHORE

ENTRE

1) ***XXXX SERVICES*** *société de droit... immatriculé sous le numéro..., ayant son siège social au..... ; représentée par* ***Monsieur.........., Directeur général,*** *dûment habilité à signer et à prendre des engagements à l'effet des présentes,*

ci-après dénommée « ***WPS*** *» ou «* ***...*** *»*

D'une part,

ET

2) ***YYYY OFFSHORE****, société de droit sénégalais immatriculé au RCCM sous le numéro.... , ayant son siège social sis au.........., Dakar - Sénégal, représentée par*****........, Directeur général*** *dûment habilité à signer et à prendre des engagements à l'effet des présentes,*

Ci-après dénommé « ***YTS*** *» ou « »*

D'autre part,

Ci-après dénommés ensemble les « Parties » ou individuellement la « Partie »

Considérant *l'engagement fort de l'État du Sénégal à mettre en place une politique de contenu local visant à élaborer une stratégie efficace permettant de renforcer la participation du secteur privé national sur toute la chaîne de valeur pétrolière et gazière.*

Considérant *la nécessité, pour les entreprises étrangères qui souhaitent exercer une activité classée dans le régime mixte dans la chaine de valeur pétrolière, de constituer une association avec une entreprise locale*

Considérant *que XXXX SERVICES est un fournisseur mondial de solutions de services normalisées pour l'industrie marine axées sur l'agence des navires, la logistique maritime, terrestre et aérien et toutes autres activités de l'industrie pétrolière ayant un lien avec son cœur de métier*

Considérant *la volonté de XXXX SERVICES de participer activement dans la chaine de valeur pétrolière et gazière en s'associant avec son partenaire local en vue de profiter des opportunités du marché pétro-gazier sénégalais*

Considérant *la volonté de YYYY OFFSHORE, entreprise sénégalaise de logistique et support aux projets pétro-gaziers du Sénégal de trouver un partenaire expérimenté pour mettre en place une association lui permettant d'acquérir les connaissances et d'assurer le transfert de technologies liés aux activités pétrolières*

Considérant *la volonté commune des parties de mettre en place une association, en vue de mettre en place un cadre qui leur permet de développer et d'exécuter en commun (le marché n°... relatif....) dans le cadre d'activités pétrolières et gazières conformément à la règlementation relative au contenu local*

Les parties s'engagent à mettre en place la présente convention de groupement d'entreprises dépourvu de personnalité juridique, entre XXX SERVICES et YYYY OFFSHORE en vue de mutualiser les moyens techniques, matériels et humains pour la réalisation de l'activité citée en objet

Article 1 – Définitions

Les termes « la présente convention » comprennent non seulement les présentes mais également d'autres conditions particulières signées entre les parties, leurs annexes et avenants éventuels, le tout ne formant qu'une convention.

Les termes « marché » définissent les documents contractuels liant chaque entreprise au maître de l'ouvrage.

Les termes « Partie(s) » définissent les signataires de la présente convention, qui ont la qualité d'entreprises cotraitantes vis-à-vis du maître de l'ouvrage, cette qualité appartenant également à l'entreprise mandataire.

Les termes « le mandataire » définissent le Partie désignée par les cotraitants pour les représenter et assumer les missions qui lui sont confiées par la présente convention auprès du maître de l'ouvrage et/ou de son représentant, du maître d'œuvre, et/ou des autres intervenants désignés par le maître de l'ouvrage.

Le champ d'application de la solidarité du mandataire visée dans la présente convention est limité aux obligations contractuelles et légales nées du marché.

Article 2 - Objet de la convention

La présente convention a pour objet de définir entre les Parties les termes, conditions et modalités d'association en groupement relatifs à la mise en œuvre du marché n°... en vue de définir les modalités de fonctionnement du groupement constitué entre parties pour la passation et l'exécution du marché et de compléter, le cas échéant, entre les Parties la répartition des diverses tâches devant faire l'objet du marché ainsi que les seuils de participation.

Article 3 - Soumission des offres

Préalablement au dépôt de la candidature ou de l'offre, le mandataire choisi par les Parties a la faculté de réunir ces dernières en vue de mettre au point et d'arrêter les propositions techniques et financières à remettre au maître de l'ouvrage.

Le mandataire ne pourra, en aucun cas, remettre l'offre du groupement sans avoir obtenu l'accord de l'autre Partie sur l'offre relative au marché.

Dans le cadre des marchés, les candidatures ou les offres sont signées soit par l'ensemble des entreprises groupées, soit par le mandataire s'il justifie des habilitations nécessaires pour représenter ces entreprises au stade de la passation du marché, sans qu'un même mandataire puisse représenter plus d'un groupement pour un même marché.

Le mandataire a pour mission de déposer, dans les délais et formes prescrits par la consultation des entreprises, une candidature et/ou une offre conforme au modèle imposé par le maître de l'ouvrage, à partir des pièces remises en temps utile par les Parties.

Les Parties du groupement s'interdisent de faire connaître à des tiers le contenu de l'offre de leur groupement.

L'offre déposée par le mandataire engage toutes les Parties, le mandat qui lui est accordé à cet effet étant irrévocable.

Aucune modification, même sur la demande du maître de l'ouvrage, ne pourra être apportée à l'offre commune sans l'accord préalable et exprès de toutes les Parties intéressées par cette modification.

Si l'offre commune est acceptée par le maître de l'ouvrage, le mandataire aura mandat pour assurer la représentation des Parties en ce qui concerne la passation, l'exécution et la liquidation du marché. La qualité de mandataire est liée à celle de cocontractant du maître de l'ouvrage.

Article 4 – Nature du groupement et solidarité

Les Parties déclarent qu'ils n'ont pas l'intention de constituer entre eux une société, chacun agissant dans son intérêt propre et conservant son autonomie. Ils ne mettent pas en commun des biens ou leur industrie, en vue de réaliser des bénéfices ou des économies. L'« affectio societatis» est formellement exclue. Le groupement n'a pas la personnalité morale. Il n'est pas immatriculé au registre du commerce.

Si, aux termes du marché, le mandataire est solidaire de chacun des membres vis-à-vis du maître de l'ouvrage, le bénéfice de cette solidarité ne s'étend ni aux membres, ni aux tiers, ni aux sous-traitants, ni aux fournisseurs.

Article 5 - Répartition des obligations du marché

Ces obligations naissent d'un lien de droit établi en raison du marché et des exigences de contenu local, entre le maître de l'ouvrage et chacune des Parties. Leur répartition est fixée par le marché.

Chaque partie assume la responsabilité des études, des fournitures et des travaux exécutés en propre ou par ses sous-traitants et correspondant à son ou ses lot(s) le cas échéant.

D'autres obligations vis-à-vis du maître de l'ouvrage peuvent être précisées par le marché.

Article 6 - Missions et obligations du mandataire

Sauf stipulation contraire, le mandataire désigné reçoit, de chaque entreprise membre du groupement, mandat :

- *De remettre les candidatures et les offres initiales et complémentaires.*

- *De demander, s'il y a lieu, au maître de l'ouvrage de préciser l'individualisation, dans le marché ou à défaut dans un avenant, de la part des travaux incombant à chaque membre telle que définie au marché.*

- *De signer, avec l'accord préalable des Parties intéressées et à la demande du maître de l'ouvrage, le marché ainsi que tous actes juridiques nécessaires à sa bonne réalisation (avenants, actes spéciaux, etc.).*

- *Le mandataire est seul compétent pour suivre et gérer le processus de règlement des comptes.*

- *De transmettre dans les délais les plus courts aux membres concernés, toutes instructions, notes, plans, directives, ordres de service, etc., émanant du maître de l'ouvrage ou du maître d'œuvre.*

- *De transmettre au maître de l'ouvrage et/ou à toute personne concernée en fonction de la nature du marché toute communication (situations, mémoires, réserves, réclamations, etc.) émanant de chacun des membres et, s'il y a lieu, les plans d'exécution des ouvrages pour visa ou approbation.*

- *D'assurer la tenue du compte de dépenses communes.*
- *De demander, la réception des travaux et la levée des réserves éventuelles.*

En complément du mandat, il pourra assurer une mission de coordination si cela est prévu au marché de la présente convention.

La mission du mandataire ne s'étend pas à la représentation en justice des membres du groupement.

Le mandat prend fin à l'expiration du délai de garantie de parfait achèvement, sauf en ce qui concerne le règlement des comptes tel que prévu au marché.

Toutefois, si le mandataire est solidaire, sa solidarité prend fin à l'expiration du délai de garantie de parfait achèvement.

Le mandataire défaillant peut être remplacé sous réserve des dispositions particulières du marché et des décisions du maître de l'ouvrage :

En cas de défaillance du mandataire dans les missions qui lui sont confiées conformément à l'article 6, l'autre Partie assurera la représentation provisoire jusqu'à la désignation d'un nouveau mandataire.

Article 7 - Obligations des Parties à l'égard du mandataire

Outre celles qui résultent du marché, chacune des Parties a pour obligations de :

- *Désigner un représentant qualifié, muni des pouvoirs nécessaires pour prendre toutes décisions utiles, donner toutes instructions au personnel de son entreprise, assister aux réunions de coordination, aux rendez-vous de chantier.*
- *Fournir au mandataire, pour transmission au maître de l'ouvrage, tout plan, pièce, document technique prévu au marché.*
- *Signaler par écrit toute communication importante qui lui parvient directement du maître de l'ouvrage ou du maître d'œuvre,*

notamment toute instruction prescrivant des changements dans la définition ou le planning du marché.

- *Se concerter avec l'autre Partie dont le mandataire sur les réponses à faire aux communications du maître de l'ouvrage ou du maître d'œuvre visées à l'alinéa précédent.*
- *Faire connaître l'état d'avancement des fournitures et travaux qu'il assume, selon une périodicité définie d'un commun accord, notamment en établissant des plannings de détail dans le cadre du planning d'ensemble.*
- *Aviser le mandataire de toutes opérations de nantissement, cession de créances ou délégation de paiement auxquelles il procède.*

Article 8 - Assurance qualité

Dans le cas où il est prévu dans le marché de mettre en place une organisation de la qualité, les parties s'engagent à définir le type de système qualité à mettre en place, le nom du responsable assurance qualité du chantier et le système de qualité de référence choisi.

À défaut, le mandataire pourra proposer un système qualité qui pourra être retenu sous réserve de l'accord unanime des Parties.

Dans le cas où le marché ne prévoit rien, les membres peuvent prévoir à l'unanimité de mettre en œuvre une organisation de la qualité qui sera annexée au marché.

Article 9 - Emploi du personnel - sécurité et protection de la santé

Chaque Partie conserve la direction et la surveillance de son personnel sur le chantier et fait son affaire des obligations réglementaires de sécurité et de protection de la santé découlant de la législation en vigueur et du marché.

En conséquence, chaque partie conçoit et met en œuvre les moyens lui permettant de répondre à cette obligation et rédige le cas échéant, conformément aux dispositions légales et règlementaires, le plan particulier de sécurité et de protection de la santé.

Chaque Partie s'engage par ailleurs à se conformer aux mesures prises pour la police et l'organisation générale du chantier et en particulier aux règles communes prescrites.

Les Parties s'interdisent toute pratique tendant à débaucher du personnel de l'autre Partie.

Article 10 - Compte de dépenses communes

Ces dépenses font l'objet d'une répartition dans le cadre d'une convention particulière conclue entre les Parties concernées.

À défaut de convention particulière et sauf stipulations contraires du marché, la répartition des dépenses communes se fera au prorata des parts de marché de chaque partie.

Article 11 – Règlements

Les parties s'engagent à fournir un compte bancaire au maître de l'ouvrage pour effectuer les paiements relatifs au marché sauf disposition contraire

Dans le cas où chaque Partie est payée directement par le maître de l'ouvrage selon les termes du marché, elle doit, à cet effet :

- *fournir au mandataire, pour transmission au maître de l'ouvrage, les documents prescrits pour l'établissement des décomptes la concernant et l'indication de son compte bancaire et ceux de ses sous-traitants éventuels ;*
- *verser aux comptes indiqués par le mandataire la provision et les versements lui incombant soit au titre du compte de dépenses communes, soit au titre de la rémunération du mandataire, s'il y a lieu.*

Le mandataire peut demander, à tout moment, au maître de l'ouvrage de retenir sur les versements qu'il effectue directement à chacune des Parties : le pourcentage défini au marché ou au contrat pour assurer sa rémunération, et/ou le montant du versement incombant à chaque Partie au titre du compte de dépenses communes.

Ces sommes sont alors versées par le maître de l'ouvrage sur les comptes correspondants. Les Parties s'engagent à donner leur accord au maître de l'ouvrage sur ces modalités. Le mandataire fournit aux Parties concernées une facture justifiant la retenue effectuée.

Article 12 – Confidentialité

Sont considérées comme confidentielles au titre de la présente Convention les informations, quel qu'en soit le support, oral ou écrit, et portées ou qui pourraient être portées à la connaissance de l'autre Partie à l'occasion de la négociation ou de l'exécution du présent Contrat.

Chaque Partie qui reçoit une Information confidentielle s'engage à :

– ne pas l'utiliser à d'autres fins que celles de la mise en œuvre de la présente Convention,

– prendre toutes les mesures nécessaires pour en protéger la confidentialité, et

– limiter leur circulation et leur accès à ses dirigeants, employés pour lesquels il est nécessaire de faire connaître cette information dans le cadre de l'exécution du présent Contrat et, dans ce cas, à faire connaître à ces personnes, le caractère confidentiel de ces informations.

***XXX** et **YYY** devront maintenir confidentiels et ne pas utiliser ni divulguer les méthodes, processus, idées, schémas opérationnels et techniques et tout autre type d'information dont elle viendrait à avoir connaissance verbalement et/ou par écrit dans le cadre de ses relations avec l'autre partie. Chaque partie reconnaît que les informations obtenues sur des fichiers ou des logiciels, formules, modes opérationnels et procédés, auxquels aurait accès l'autre partie, pendant toute la durée du Contrat, présentent un caractère confidentiel.*

Les obligations énoncées au présent article s'appliquent pendant toute la durée de la présente Convention et de ses prorogations et restent en vigueur sans limite de temps après sa résiliation ou son expiration.

Article 13 – Responsabilités

Seulement si le marché le prévoit, le mandataire est solidaire des autres entreprises groupées à l'égard du maître de l'ouvrage, ce qui implique pour lui d'assumer les conséquences de leur éventuelle défaillance. Cette solidarité s'achève à l'expiration du délai de garantie de parfait achèvement (sauf stipulation différente du marché). Lorsque, par suite de la mise en jeu de cette solidarité, ce mandataire est recherché pour des travaux incombant audits membres, ceux-ci s'engagent à en faire immédiatement leur affaire personnelle et à le couvrir de toutes les conséquences financières ou autres pouvant résulter des décisions, réclamations ou mesures coercitives du maître de l'ouvrage. Les autres membres, les tiers, les sous-traitants, les fournisseurs ne peuvent se prévaloir de la solidarité incombant au mandataire.

Les entreprises membres ne sont pas solidaires entre elles. Chaque membre n'est donc tenu que des obligations lui incombant personnellement : vis-à-vis du maître d'ouvrage (garantie de parfait achèvement et le cas échéant, garantie de bon fonctionnement et garantie décennale pour les travaux qu'il a exécutés), vis-à-vis des tiers, des sous-traitants et des fournisseurs.

Article 14 – Assurances

Les parties s'engagent à souscrire toutes les assurances nécessaires au marché.

Toutefois, chaque Partie (y compris le mandataire) doit être titulaire d'assurances couvrant les risques qu'il peut encourir au titre de son ou ses lots (y compris les travaux éventuellement sous-traités).

Sauf clauses particulières chaque partie doit, compte tenu des exclusions spécifiques habituelles, souscrire les garanties d'assurances couvrant entre autres :

a) Les conséquences pécuniaires de la responsabilité civile qu'il peut encourir en raison des dommages corporels, matériels et immatériels, causés à autrui y compris au maître de l'ouvrage et aux autres membres du groupement du fait de ses activités professionnelles d'entrepreneur et ce, aussi longtemps que sa responsabilité peut être recherchée.

Cette assurance doit couvrir, notamment, les dommages consécutifs à des travaux exécutés sous, dans, sur, ou au voisinage des immeubles construits et terminés.

b) le cas échéant, les dommages matériels résultant d'un incendie, d'une explosion accidentelle ou de la foudre affectant les ouvrages, les matériels ou les installations temporaires de chantier ; l'effondrement et la menace d'effondrement en cours de chantier de tout ou partie de l'ouvrage.

d) les travaux soumis à assurance décennale obligatoire

Article 15 - Défaillance d'un membre du groupement

La défaillance d'un membre du groupement est constituée lorsqu'en cours d'exécution des travaux, il n'a pas satisfait à ses obligations dans le délai imparti par la mise en demeure du maître de l'ouvrage, du maître d'œuvre ou du mandataire.

Sont notamment constitutifs d'un cas de défaillance : le fait pour un cotraitant de ne pas avoir fourni les garanties ou contre garanties, les assurances prévues aux conditions particulières ; la carence grave d'un cotraitant compromettant la réalisation de l'objet de la convention.

Le mandataire informe immédiatement le maître de l'ouvrage de toute défaillance d'un membre ayant donné lieu à mise en demeure.

Si la mise en demeure reste sans effet à l'expiration d'un délai de 30 jours maximum, le mandataire, après avoir entendu l'entreprise concernée, peut demander au maître de l'ouvrage de prononcer des sanctions, ainsi que toute mesure qu'il juge appropriée pour le bon déroulement des travaux.

Dans le cas où le mandataire demande au maître de l'ouvrage de prononcer la résiliation du marché du membre défaillant, cette résiliation entraîne de plein droit l'exclusion du membre défaillant du groupement ; il est alors établi, un état des travaux exécutés par le membre défaillant, de ses approvisionnements, installations et matériels soit, par la voie amiable, et de façon contradictoire, soit, par la voie judiciaire sous l'autorité d'un expert.

Il sera donné connaissance de cet état à l'entreprise qui reprendra le marché de la Partie défaillante.

Une nouvelle entreprise est, après consultation des Parties du groupement, proposée au maître de l'ouvrage par le mandataire pour la reprise et la continuation des travaux, sous réserve qu'elle adhère à la présente convention ; à moins que le mandataire, lorsqu'il est solidaire, se substitue à l'entreprise défaillante en utilisant ses propres moyens ou la remplace en ayant recours à la sous-traitance ou à la cotraitance.

Tous les frais et préjudices résultant de la défaillance d'une Partie sont à sa charge, notamment : supplément de prix résultant de la passation d'un nouveau marché, pénalités de retard et pertes de primes, reprises de malfaçons, mesures conservatoires, etc.

Pour le cas où sa défaillance serait constituée, hormis le cas de sauvegarde, redressement ou de liquidation judiciaire, chaque Partie du groupement :

- *renonce dès à présent à recevoir toute somme dont le maître de l'ouvrage lui serait redevable, à due concurrence du montant des conséquences financières imputables à cette défaillance ;*
- *donne mandat spécial au mandataire de conclure avec le maître de l'ouvrage une stipulation pour autrui par laquelle ce dernier s'engage à retenir le montant précité et à le verser aux autres membres suivant les indications du mandataire ;*
- *s'engage à laisser sur le chantier et à mettre à la disposition de son ou de ses remplaçants, à la demande du mandataire, les approvisionnements, installations et matériels qu'il a fournis et ce jusqu'à complète exécution des travaux prévus dans le marché et dans ses avenants éventuels ou jusqu'à l'apurement des comptes entre les membres du groupement.*

Article 16 - Délais, primes et pénalités

Chaque Partie est tenue d'accomplir les tâches dans le marché en respectant les délais qui lui sont impartis par le calendrier général des travaux prévu au marché, et d'assurer une marche normale de ses travaux à l'intérieur du délai particulier qui lui est fixé.

Chaque Partie doit faire part, en temps utile, au mandataire de toutes les causes éventuelles d'avance ou de retard dans l'exécution des prestations de son ou ses lots.

En ce qui concerne la répartition des primes et pénalités, le marché peut prévoir :

Lorsqu'il est possible d'imputer à l'une ou l'autre Partie les avances ou retards, les propositions de répartition sont faites par le mandataire au maître de l'ouvrage après consultation de la partie concernée.

Tout membre responsable d'un retard, même s'il n'a pas donné lieu à l'application d'une pénalité, pourra être amené à verser, après consultation des Parties concernées, des indemnités aux autres Parties au cas où son retard leur aurait causé un préjudice dont ils doivent apporter la justification.

Article 17 – Résiliation et cession du marché

La résiliation totale ou partielle du marché par le maître de l'ouvrage n'entraîne pas de plein droit la fin de la présente convention, qui n'intervient que dans les conditions prévues à l'article 19 des présentes.

Si cette résiliation est imputable à l'une des Parties les autres membres peuvent lui demander réparation du préjudice subi.

Dans le cas où la résiliation du marché peut être demandée par les Parties du groupement pour l'ensemble des lots, l'accord de toutes les Parties est nécessaire. En cas de refus de présentation d'une demande commune, le différend est soumis à la procédure prévue à l'article 19 des présentes pour l'appréciation des préjudices pouvant en résulter.

La présente Convention ne pourra en aucun cas faire l'objet d'une cession totale ou partielle de la part de l'une des parties sans l'accord préalable et écrit de l'autre partie.

Article 18 - Durée de la convention

La présente convention prend fin à l'issue de l'année de parfait achèvement et du règlement de tous comptes, différends ou litiges éventuels relatifs à l'exécution du marché ou de la convention.

Article 19 - Règlement des contestations

La présente convention est soumise au droit sénégalais.

Les parties s'engagent à résoudre à l'amiable tout différend qui pourrait surgir à l'occasion de l'exécution ou de l'interprétation de la présente Convention.

À ce titre elles rechercheront dans le souci de préserver leur collaboration toute adaptation éventuelle à apporter au présent Contrat de nature à en permettre la poursuite.

À défaut de solution amiable, le différend sera soumis à la juridiction sénégalaise compétente.

Article 20 - Élection de domicile et déclaration

Pour l'exécution de la présente convention, toute notification peut valablement être faite aux membres, au domicile ou au siège social mentionné dans le marché

Les parties déclarent et reconnaissent qu'elles sont et demeurent, pendant toute la durée de la présente convention, des partenaires commerciaux et professionnels indépendants, assurant chacune les risques de sa propre exploitation et notamment la responsabilité civile.

Fait à……………, le………………………………………………

En deux (02) exemplaires originaux qui font tous foi

Pour XXX SERVICES ***Pour YYY OFFSHORE***

TABLE DES MATIÈRES

Structures éditoriales du groupe L'Harmattan

L'Harmattan Italie
Via degli Artisti, 15
10124 Torino
harmattan.italia@gmail.com

L'Harmattan Hongrie
Kossuth l. u. 14-16.
1053 Budapest
harmattan@harmattan.hu

L'Harmattan Sénégal
10 VDN en face Mermoz
BP 45034 Dakar-Fann
senharmattan@gmail.com

L'Harmattan Cameroun
TSINGA/FECAFOOT
BP 11486 Yaoundé
inkoukam@gmail.com

L'Harmattan Burkina Faso
Achille Somé – tengnule@hotmail.fr

L'Harmattan Guinée
Almamya, rue KA 028 OKB Agency
BP 3470 Conakry
harmattanguinee@yahoo.fr

L'Harmattan RDC
185, avenue Nyangwe
Commune de Lingwala – Kinshasa
matangilamusadila@yahoo.fr

L'Harmattan Congo
219, avenue Nelson Mandela
BP 2874 Brazzaville
harmattan.congo@yahoo.fr

L'Harmattan Mali
ACI 2000 - Immeuble Mgr Jean Marie Cisse
Bureau 10
BP 145 Bamako-Mali
mali@harmattan.fr

L'Harmattan Togo
Djidjole – Lomé
Maison Amela
face EPP BATOME
ddamela@aol.com

L'Harmattan Côte d'Ivoire
Résidence Karl – Cité des Arts
Abidjan-Cocody
03 BP 1588 Abidjan
espace_harmattan.ci@hotmail.fr

Nos librairies en France

Librairie internationale
16, rue des Écoles
75005 Paris
librairie.internationale@harmattan.fr
01 40 46 79 11
www.librairieharmattan.com

Librairie des savoirs
21, rue des Écoles
75005 Paris
librairie.sh@harmattan.fr
01 46 34 13 71
www.librairieharmattansh.com

Librairie Le Lucernaire
53, rue Notre-Dame-des-Champs
75006 Paris
librairie@lucernaire.fr
01 42 22 67 13

www.ingramcontent.com/pod-product-compliance
Lightning Source LLC
LaVergne TN
LVHW010926061026
849535LV00007B/2252